图解5S现场管理实务

准正锐质中心 | 编著

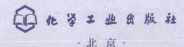
·北京·

内 容 简 介

《图解5S现场管理实务》通过"知识技能+情境漫画+实用工具"的内容设计，从培训和现场执行的角度出发对5S的推行和实施进行阐述。书中搭配轻松可爱的情境漫画和一定数量的图片对5S活动进行情境设计，以便于读者对应现场，同时配备5S活动必备工具，便于5S活动推行人员拿来即用、自我培训。

本书适合5S项目负责人，5S推行团队成员，企业改善团队，生产、设备、物流、仓储、质量等相关部门的经理、主管、培训师及对5S管理感兴趣的读者作为实战手册或5S培训教材使用。

图书在版编目（CIP）数据

图解5S现场管理实务 / 准正锐质中心编著. — 北京：化学工业出版社，2020.12（2025.3重印）
　ISBN 978-7-122-37782-1

Ⅰ.①图⋯ Ⅱ.①准⋯ Ⅲ.①企业管理-生产管理-图解 Ⅳ.① F273-64

中国版本图书馆CIP数据核字（2020）第180638号

责任编辑：王淑燕　　　　　　　　　　　　　　文字编辑：王春峰　陈小滔
责任校对：赵懿桐　　　　　　　　　　　　　　装帧设计：韩　飞

出版发行：化学工业出版社（北京市东城区青年湖南街13号　邮政编码100011）
印　　装：北京云浩印刷有限责任公司
889mm×1194mm　1/24　印张10½　字数220千字　2025年3月北京第1版第7次印刷

购书咨询：010-64518888　　　　　　　　　　售后服务：010-64518899
网　　址：http://www.cip.com.cn
凡购买本书，如有缺损质量问题，本社销售中心负责调换。

定　　价：49.80元　　　　　　　　　　　　　　　　　　版权所有　违者必究

准正锐质生产管理图书编委会名单

主　任　孙宗虎　宋宝学　刘柏华

副主任　高玉卓　马德军

委　员　孙宗虎　北京弗布克管理咨询有限公司总经理

　　　　　宋宝学　水发农业集团内蒙古板块总经理

　　　　　刘柏华　南雄西顿化工有限公司总经理

　　　　　高玉卓　京东方科技集团股份有限公司人力资源高级经理

　　　　　马德军　东阿阿胶股份有限公司阿胶世界乐园分公司总经理

　　　　　方连惠　长虹多媒体产业公司技术研发中心商用显示技术研究所所长

　　　　　连长震　北京汽车集团越野车有限公司越野车研究院高级主任工程师

　　　　　李迎凤　仓敷化工（大连）有限公司ISO事务局课长

　　　　　张守臣　中国南方航空公司沈阳维修基地大修部副经理

　　　　　权锡哲　北京弗布克管理咨询有限高级咨询顾问

　　　　　程富斌　大连开元管道有限公司设备安全主管

　　　　　程淑丽　北京弗迪思锐文化传媒有限公司总经理

前言

　　5S 管理是现场管理的基础，是工厂管理的一股潮流，是指在生产现场中对人员、机器、材料、方法等生产要素进行的有效管理。现场是整个制造业的中心，是改善的目标地。

　　5S 现场管理就是对现场进行整理（Seiri）、整顿（Seiton）、清扫（Seiso）、清洁（Seiketsu）、素养（Shitsuke），以消除浪费的活动。5S 管理通过规范现场、现物，营造井然有序的工作环境，从而达到使员工提升品质、养成良好工作习惯的目标。

　　即使是在准时生产、单元式生产等精益生产理念盛行的今天，进入很多企业的生产现场时，仍能看到下列现象，如：工具凌乱摆放，机器设备布满灰尘，且未进行定位标识；原材料、半成品、在制品、成品、不良品、辅材摆放杂乱无章，未加以合理定置；作业区、物流区、办公区未明确规划且标识不清；工人衣着不整，士气低落，浪费现象随处可见。

　　虽然在这些企业中，5S 活动得到广泛推行，但是活动推行的效果却不理想，最主要的原因是对 5S 活动的实施不得要领。为了帮助企业现场管理人员更有效地推行 5S 活动，笔者根据多年在生产现场推行 5S 活动的实践经验，同时结合国内企业现场管理的现状编写了本书，以帮助读者切实掌握 5S 活动实施要领，从而在运用时取得理想的效果。

本书有如下几个特点。

1. 立足培训，讲解技能

本书采用简洁的语言，深入浅出地对 5S 推行过程和具体实施方法进行讲解，既能简明地说明 5S 推行过程中各个阶段的要点，又能生动地展现各个阶段所用到的各类方法，并对一些方法进行详细说明，让工作人员轻松掌握 5S 管理的精髓。

2. 实景漫画，情境模拟

本书在内容说明、技法讲解的基础上，以实景照片或手绘情境图、漫画图为配套内容，既简单、易懂，又清晰、实用，并且使现场改善的情形跃然纸上，易看易学，阅读起来直观，操作起来轻松，方便读者随时随地学习 5S 推行的要点。

3. 提供工具，即学即用

本书针对 5S 管理的各项工作给出了相应的方法工具，这些工具都是作者在生产现场 5S 活动中总结形成的，因此读者只需要根据本企业的实际情况或者自身的工作需要稍加改动甚至拿来即用，就可以让它们在生产现场的 5S 管理中发挥作用。

本书提供了 5S 现场管理的阶段、要点、方法、工具，便于读者拿来即用，自看自学，可供企业 5S 项目负责人、5S 推行团队成员、企业改善团队，生产、设备、物流、仓储、质量等相关部门的经理、主管、现场人员、咨询顾问、培训师以及对 5S 管理感兴趣的读者作为实战手册或培训教材使用。

准正锐质中心
2020 年 11 月

目录

第1章　5S简介 // 001
1.1　5S是什么　// 002
1.2　5S活动图解　// 003
1.3　5S活动目标　// 006

第2章　5S能给企业带来什么 // 007
2.1　营造整洁现场　// 008
2.2　杜绝浪费失误　// 010
2.3　降低各类成本　// 012
2.4　改善工作环境　// 014
2.5　减少事故发生　// 016
2.6　提升客户满意度　// 018

第3章　5S的起点在哪里 // 021
3.1　5S开展，人人有责　// 022
3.2　5S推行，从身边做起　// 024
3.3　工作场所，必须开展5S　// 026
3.4　休息时间，也能轻松5S　// 028

第 4 章　5S 推行准备阶段 //031

4.1　开展有组织，成立 5S 推行小组 //032
4.2　做事有纲领，拟定 5S 方针目标 //034
4.3　实施有计划，制订 5S 推进计划 //036
4.4　工作有方法，确定 5S 实施办法 //039
　　　实用工具 1　5S 活动推行计划 //041

第 5 章　5S 推行导入阶段 //043

5.1　下定决心，打消疑虑 //044
5.2　了解现状，营造条件 //046
5.3　事前疏通，做好准备 //048
5.4　征集口号，制作标语 //050
5.5　宣传推广，创造氛围 //052
5.6　教育培训，明确要点 //054
5.7　即刻开始，打造样板 //056
5.8　稳扎稳打，全面推行 //058

第 6 章　5S 推行实施阶段 //061

6.1　领导支持，加入管理意志 //062
6.2　提供资源，编制各类预算 //064
6.3　督导落实，杜绝光说不练 //066
6.4　团结一致，全员参与活动 //068
6.5　专人专区，划分责任区域 //070

第 7 章　5S 推行固化阶段 //073

7.1　专人巡查，检查是否达到目标 //074

7.2 评比考核,有奖惩才会有动力 //076

7.3 持续进行,不断深化开展活动 //078

7.4 固化效果,形成固定企业文化 //080

  实用工具 2 5S 活动巡查问题记录 //082

  实用工具 3 5S 活动考核评分办法 //083

  实用工具 4 5S 检查表(办公室) //087

  实用工具 5 5S 检查表(生产现场) //089

第 8 章 第 1 个 S:整理 //091

8.1 什么是整理 //092

8.2 为什么需要整理 //094

8.3 整理对象有哪些 //096

8.4 谁来负责整理工作 //098

8.5 打消什么都是宝的想法 //100

8.6 明确标准,有的放矢 //102

8.7 现场物品,合理判定 //104

8.8 寻宝活动,彻底整理 //106

8.9 红牌作战,判定标识 //108

8.10 非必需品,分类处理 //110

8.11 设定废弃物品存放处 //112

8.12 一半一半,合理丢弃 //114

8.13 反复进行,定期整理 //115

  实用工具 6 物品整理判定标准表 //116

  实用工具 7 无用物品分类处理表 //116

  实用工具 8 废弃物品处理清单 //117

实用工具 9　　整理标准表　//117
　　实用工具 10　　整理检查表　//118

第 9 章　第 2 个 S：整顿　//119

9.1　什么是整顿　//120
9.2　为什么需要整顿　//122
9.3　表面整顿，不是整顿　//124
9.4　现场区域，规划画线　//126
9.5　物品定位，准确放置　//128
9.6　确定数量，适量存放　//130
9.7　醒目标识，一目了然　//132
9.8　整齐放置，克服杂乱　//134
9.9　立体存放，节约空间　//136
9.10　作业现场，目视管理　//138
9.11　及时归位，摆放整齐　//140
　　实用工具 11　　可视化方法一览表　//142
　　实用工具 12　　整顿工作检查表　//144

第 10 章　第 3 个 S：清扫　//145

10.1　什么是清扫　//146
10.2　清扫对象是什么　//148
10.3　清扫干净，心情大好　//150
10.4　清扫教育，明确方法　//152
10.5　确定目标，制定标准　//154
10.6　清扫工作，明确分工　//156
10.7　按作业标准实施清扫　//158

10.8 清扫工作，不留死角 //159
10.9 清扫工具，触手可及 //161
10.10 清扫问题，及时处理 //163
10.11 追根溯源，彻底解决 //165
10.12 将清扫变成一种习惯 //168
 实用工具13 清扫作业标准表 //170
 实用工具14 设备清扫标准表 //171
 实用工具15 清扫问题处理表 //173
 实用工具16 清扫区域分工表 //173
 实用工具17 脏乱根源一览表 //174
 实用工具18 清扫检查表 //175

第11章 第4个S：清洁 //177

11.1 什么是清洁 //178
11.2 行动必须干净爽快 //180
11.3 明确员工责任区域 //182
11.4 制定3S检查表 //184
11.5 定期开展3S活动 //185
11.6 自我检查，主动改进 //187
11.7 随时巡查，及时整改 //189
11.8 定期检查，考核评比 //191
11.9 定点摄影，对比成果 //193
11.10 持之以恒，提升水平 //195
 实用工具19 3S检查表 //197
 实用工具20 清洁考核标准表 //199

实用工具 21　改善项目报告书　//200

第12章　第5个S：素养　//201

12.1　什么是素养　//202
12.2　什么是工作素养　//204
12.3　自觉遵守工作纪律　//206
12.4　注重良好的工作仪表　//208
12.5　具有良好的工作礼仪　//210
12.6　养成良好的行为习惯　//212
12.7　领导挂帅，亲自示范　//214
12.8　推行活动，养成素养　//216
12.9　不找借口，不推责任　//218
12.10　没有例外，保护规则　//220
12.11　素养工作，持之以恒　//222
12.12　培养素养，共同成长　//224
12.13　素养养成效果的检查　//227

　实用工具 22　工作纪律规范　//228
　实用工具 23　工作仪表规范　//230
　实用工具 24　工作礼仪规范　//232
　实用工具 25　员工素养检查表　//237

参考文献　//239

第 1 章

5S 简介

1.1 5S 是什么

5S 管理起源于日本,是指整理(Seiri)、整顿(Seiton)、清扫(Seiso)、清洁(Seiketsu)、素养(Shitsuke)5 个项目,因日语的罗马拼音均以"S"开头而简称 5S 管理。

5S 管理通过规范现场、现物,营造一目了然的工作环境。

企业推行 5S 管理,是指从上述五个方面进行整顿,训练员工,强化文明的观念,使得企业中每个场所的环境、每位员工的行为都能符合 5S 精神的要求。

5S 管理对改善现场环境、提升作业效率、保障服务品质、营造企业氛围以及创建良好的企业文化等,具有显著的效果。5S 管理的各个阶段说明如图 1-1 所示。

5S事项	要诀	实施重点
整理	●合理留清,保留重点	●区分必要和不必要物品,腾出空间,塑造清爽的工作场所
整顿	●科学放置,清晰标识	●将整理之后留在现场的必要物品分类放置、排列,明确数量
清扫	●清扫场所,明快心情	●将工作场所清扫干净,保持工作场所干净、亮丽
清洁	●巩固成果,维护清洁	●将上面 3S 实施的做法制度化、规范化,维持清洁,定期检查
素养	●养成习惯,提升士气	●提高员工文明礼貌水准,增强团队意识,养成按规定行事的良好工作素养

图 1-1 5S 管理的各个阶段说明

1.2 5S 活动图解

5S 活动,可以让企业员工更加自信和积极向上。各个阶段的活动图解如下所示。

(1)整理:要与不要,一留一弃

把要与不要的物品分开,再将不需要的人、事、物加以处理,是开始改善现场环境的第一步。

(2)整顿:科学放置,取用快捷

对现场需要留下的物品进行科学合理的布置和摆放,用最快的速度取得所需之物,在最有效的方法和最简洁的流程下完成作业。

（3）清扫：清除脏污，美化环境

通过清扫活动来清除那些脏污，创建一个明快、舒畅的工作环境。

（4）清洁：洁净环境，固化到底

整理、整顿、清扫之后要认真维护，使现场保持完美和最佳状态，通过对前三项活动的深入执行，从而消除发生安全事故的根源。

（5）素养：养成习惯，提升士气

素养是5S工作的核心，旨在努力提高员工的素养，养成严格遵守规章制度的习惯和作风。

1.3 5S活动目标

图1-2　5S活动循环

5S活动是个循环往复的过程，企业不可能通过一遍5S就能一蹴而就，因此，企业必须将5S活动的开展变成常态、习惯，通过不断实施5S工作，提升企业的精神面貌，建立企业自己的核心企业文化。5S活动循环如图1-2所示。

将企业用文化武装起来，才能建立一支打不垮的强大团队。5S不是贴在墙上的标语，也不是空洞的口号，而是要切实实施的活动，是企业精神的一部分。企业通过5S活动，可达到如图1-3所示的目的。

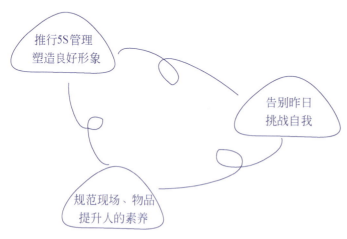

图1-3　5S活动目的

第 2 章

5S 能给企业带来什么

2.1 营造整洁现场

通过 5S 管理,可以将不需要的物品清理出现场,将必要物品放置整齐,能够有效腾出工作空间,减少空间占用,并对工作现场进行清扫清洁,从而营造整洁的现场。具体来说,有以下好处:

① 推行 5S 活动,使人心情愉悦,能够营造整洁、积极向上的生产现场。

② 一目了然的工作场所,无勉强和约束,使得员工在工作过程中能找到乐趣,不会心情烦躁,更有利于各项工作的开展。

③ 整洁的工作现场,能够增加员工的好心情,减少员工对工作的厌倦感。

对工作现场进行清扫清洁,从而营造整洁的现场
整洁的工作现场能够增加员工的好心情,减少员工对工作的厌倦感

第 2 章 5S 能给企业带来什么

2.2 杜绝浪费失误

在日常工作中，我们身边会堆积很多平时用不着的物品，这些物品会妨碍正常的工作，或者耽误工作时间，因为常常翻箱倒柜才能找到工作中真正需要的物品。因此在工作开始前，我们需要开展5S活动把它们清理掉。

在企业中，由于没有及时开展5S活动，导致积压了好多没有用的物品，这些物品不仅会占用储物空间，还会使员工心情烦躁或者浪费时间去翻找，从而造成工作上的失误或者效率低下，甚至在有的情况下，会形成一些安全隐患。另外还有一种情况：已经有A物品了，但是由于没有好好整理导致员工无法找到A物品，于是又采购A物品来使用，结果造成了浪费。

可以发现，企业不常整理现场不仅导致作业空间缩小、物品堆积过量，由此还会造成浪费、失误以及引发各类事故。

因此，企业只有全员齐心协力、积极参与，彻底推行5S工作，挪走不常用的物品，最大限度地减少浪费和失误，才能确保现场的整洁和安全。

2.3 降低各类成本

据统计，每天在生产现场额外产生的成本高达企业利润的 30%。

如果企业对现场管理不好，现场杂乱不堪，那么产品的生产会经常出错，生产成本会增加，作业效率会降低，订单交期也会一拖再拖。

如果现场的各种问题不能及时发现和解决，企业整体的运营成本将居高不下，经营周转将冗长缓慢，以致企业无法获取应有的利润而变成亏损。

如果现场非常混乱，那么企业有再高明的经营策略都无法落实，再高超的产品技术都无法创造利润，企业的经营目标也将变成空想。

企业推行 5S 管理，能有效地通过图 2-1 所示的途径降低成本。

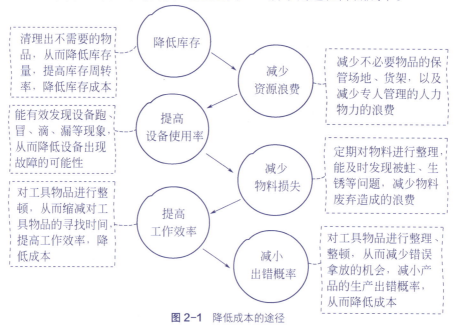

图 2-1 降低成本的途径

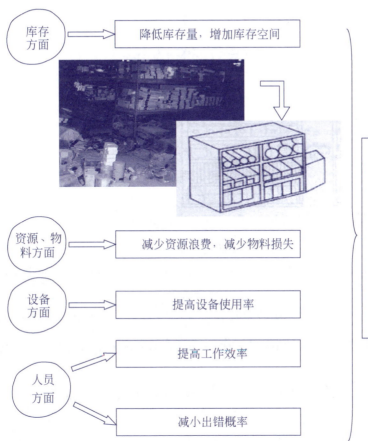

2.4 改善工作环境

在没有推进5S活动的企业，工作场所可能会出现各种各样不规范或不整洁的现象，如：垃圾、油漆、铁锈等满地都是，零件、纸箱胡乱搁在地板上，人员、车辆在狭窄的过道上穿插而行。

企业出现不规范和不整洁的情况时，轻则员工找不到自己要找的东西，浪费大量的时间；重则导致机器破损、制造加工成本居高不下。更有甚者，最先进的设备在这种环境中，也会很快地加入不良器械的行列而等待维修或报废。

企业推行5S活动就能够很好地改善上述状况，并创造一个良好的工作环境。5S活动是如何达到改善工作环境的效果呢？下面就对其如何改善进行说明。

① 整理：区分有用的和没用的东西，留下有用的，清除没用的，腾出更多的空间。

② 整顿：把留下来有用的东西加以定位，并按规定位置整齐摆放，使工作现场干净整齐。

③ 清扫：将现场的机器及工作环境清扫干净，从而改善工作环境。

④ 清洁：持续开展上述3S活动，从而形成制度和标准，维持工作环境干净整洁。

⑤ 素养：使员工养成良好的习惯，并遵守规则做事，确保其保持良好的工作状态。

企业通过推行5S活动，对现场的没用的东西进行清理，腾出空间，并对物品进行整理，对现场进行清扫，从而达到改善工作环境的目的，进而为员工提供一个安全、高效、舒适、整洁的工作环境。

企业推行5S活动，能很好地改善工作环境

推行5S活动前企业的现状

推行5S活动后企业的现状

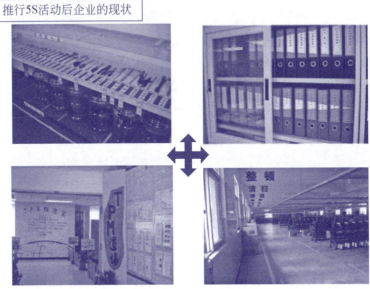

2.5 减少事故发生

脏乱的现场环境和混乱的生产秩序容易发生安全事故,例如:电缆沟内积水积泥会导致短路或触电,不正确的着装可能导致安全事故的发生或作业迟缓,操作人员的违规动作容易造成安全事故。因此企业推行 5S 活动,能够减少现场安全事故的发生。

为创造安全的工作环境,减少安全事故,企业推行 5S 活动需要做好以下几点。

① 整理是保证现场安全的基础和前提,在生产现场,如果将一些非必需品放置在现场,不仅占用了生产或作业现场的空间和通道,而且妨碍了现场的生产或作业,一旦出现紧急情况,非必需品还会影响到应急事件的处理,是潜在的安全隐患。而在设备的检修现场,如果将一些非必需品带到检修现场,将占用检修空间,并可能造成材料的误用,给设备带来安全隐患。

② 在整顿过程中,安全及消防设施要定位放置,同时保证要醒目,而且要易于拿取,以便在应急处理中能容易取得。整顿后工作现场宽敞明亮,物品摆放一目了然,人车分流通道顺畅,通道和休息场所都不被占用。

③ 清扫清洁可以为现场和设备提供一个良好的工作环境,使物资和设备保持完好,以便减少安全隐患,从而减少事故发生。同时,对所有的设备进行清洁、保养、检修,及时发现存在的问题,消除安全隐患。

④ 员工在生产过程中,难免存在不良的作业方式和习惯性的违规操作行为,这些行为习惯不纠正就很容易造成安全事故。而企业通过制定一些规章制度,使员工按正确的指令执行,并形成习惯,从而减少事故的发生。

通道物品未进行整理和整顿,容易造成安全事故

设备未定期进行检查清理,容易造成安全事故

员工未养成良好的工作素养,违规操作,容易造成安全事故

2.6 提升客户满意度

推行 5S 活动能使企业所有已确定的规定和事项按要求有效执行,使生产现场时刻处于良好的状态,可以保证随时开工,同时保证产品质量稳定,并提高产品合格率,从而使客户满意。

推行 5S 活动能缩短生产的前置时间,减少发生交货时间延迟的现象,进而确保客户的满意度。

推行 5S 活动能使生产现场变得宽敞明亮和干净,干净的工厂能获得客户的称赞、承认,同时也可以给客户一种信任感,客户会觉得这种企业生产的产品可以使其放心,从而提升客户满意度。

推行 5S 活动能提高员工的工作积极性,同时营造气氛活跃的生产现场,以得到客户的信赖,从而令客户对企业满意。

企业推行 5S 活动,具体可通过达成如图 2-2 所示的目标,最终令客户满意。

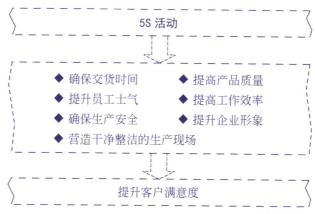

图 2-2　5S 活动提升客户满意度示意图

第 3 章

5S 的起点在哪里

3.1
5S 开展，人人有责

5S 开展，人人有责。倘若 5S 活动中，只有一部分人能够认真做好，而另一部分人对此置之不理，那么无论这部分人将身边的工作场所打扫得如何干净整洁，在外人看来，同样会认为"这个公司没有做好 5S"。

进一步说，在 5S 的实施过程中，如果有的人充满热情，有的人却消极抵制，那么充满热情的人迟早会失去干劲，进而在不知不觉中放弃，5S 活动也就无法持续下去。

因此 5S 活动必须全员积极参与，齐心协力，这样才能达到最佳效果。倘若员工努力投入 5S 活动，而总经理却只是偶尔才参与 5S 的巡查，或者员工的办公区域都收拾得干干净净、整整齐齐，而管理人员的办公桌上却杂乱无章，这样都会使员工渐渐失去积极性。

总经理绝不能因为职位特殊就获得区别对待，5S 活动从企业领导到最基层的员工，包括外部兼职人员都必须参与，人人都要确定其责任区域，确保积极参加 5S 活动。

第 3 章　5S 的起点在哪里

无论是总经理还是基层员工都要实施5S活动，不能存在例外
5S活动人人都有责任去实施，要避免出现不按规定实施或消极抵制的行为

3.2 5S 推行，从身边做起

公司要把 5S 活动作为日常管理工作来做，员工需要从小事做起，从身边做起，认真推行 5S 管理，只有这样才能增强企业的发展活力。

5S 活动正是从工作中最简单的打扫清洁这样的小事入手，通过一步步深入，使员工养成良好的工作习惯，促进工作效率的提高，从而生产出高质量的产品。

5S 管理活动启动之初，大家可能有一种误解，认为 5S 管理就是一些简单的打扫打扫卫生、做做大扫除之类的小事，觉得没必要每天都把时间花在清理、打扫卫生这类小事上。但是随着 5S 活动的不断深入，大家会逐渐地认识到 5S 管理与大扫除有着本质的区别，大扫除只是为搞好卫生而做的临时活动，5S 管理是为改善现场而进行的持续活动，它的终极目标是强化企业基础管理，在企业内部建立流畅的工作秩序，培育出高素质的员工，生产出高品质的产品，提高企业的核心竞争力。推行 5S 活动，企业将受益匪浅：工作现场变得整齐明亮，整理的效果让员工寻找物品的时间大大减少，工作效率在不知不觉中得到了提高。

其实我们每个人所做的工作，何尝不是由一件一件的小事构成的呢？如果身边的小事都做不好，又怎么能做好大事呢？正所谓"不积跬步，无以至千里；不积小流，无以成江海"。

第 3 章 5S 的起点在哪里

办公室的清扫清洁

生产现场的清扫清洁

5S推行要从身边小事做起,从而让员工养成良好的工作习惯
员工需要从小事做起,从身边做起,认真推行5S管理,增强企业的发展活力

3.3 工作场所，必须开展 5S

如果参观过实施 5S 的企业，就会发现企业员工的工作步调紧凑，工作态度严谨。工厂外环的花草、汽车的排放，都整整齐齐、井井有条。进入厂内不论是办公场所、工作车间、储物仓库，还是地板、墙板、天花板，所看到的均是干净亮丽、整齐无比。

而没有开展 5S 的企业，其工作场所常常有以下不良现象。

① 工作场所脏乱，影响了企业形象，也影响了员工的士气和产品品质。

② 通道被随意占用，造成作业不流畅，增加搬运时间和人力，对人、物也造成危险。

③ 原材料、半成品等物品随意摆放，寻找起来浪费时间，并且放置混乱导致难以管理，存在安全隐患。

④ 机器设备保养不当，影响使用寿命和机器精度，进而影响设备使用效率，使产品质量无法提高；同时不干净整洁的机器，也影响员工的工作情绪。

⑤ 工装夹具、工具、量具等杂乱放置，现场秩序混乱，增加了寻找时间，工具也容易损坏、丢失。

企业要避免上述现象的发生，就必须在工作场所开展 5S 活动。企业通过开展 5S 活动可以使工作现场干净整洁，同时也可以减少浪费、提高生产效率并降低产品不良率。

3.4 休息时间,也能轻松 5S

全体员工在每天的上班前和下班后,只要抽取 5 分钟的时间就能轻松进行 5S 活动,对自己所处的工作场所及周边区域的卫生死角进行彻底的打扫,可使工作场所的面貌焕然一新,同时也为自己提供了一个干净舒适的办公环境。

员工在工作间隙发现有垃圾时,也可随手将垃圾捡起来,避免现场垃圾四处扩散,从而就可以保持干净整洁的现场。

日常的 5S 活动千万不能等到事情或垃圾堆积到一定量时,才进行整理、清扫,这样 5S 活动就变成了一件很繁重的工作,谁都不愿进行,以致一拖再拖,而工作场所也将变得越来越乱、越来越脏。

员工只要利用休息时间维持好工作场所的清洁,5S 就会变成一件很轻松的事情。

每天上班前和下班后进行5分钟的5S活动!

工作的间隙随时进行5S活动
每天上班前和下班后进行5分钟的5S活动
就可以使工作场所的面貌焕然一新,同时也为员工自己提供了一个干净舒适的办公环境

第 4 章

5S 推行准备阶段

4.1 开展有组织，成立 5S 推行小组

为了有效推行 5S 活动，企业需要建立一个符合本企业条件的推行组织——5S 推行小组。推行小组的责任人包括 5S 推行委员会、5S 推行办公室、各部门负责人以及部门 5S 代表等，不同的责任人承担不同的职责。通常企业的总经理担任 5S 推行委员会的委员长，从全局的角度推进 5S 的实施。5S 推行小组的组织构架如图 4-1 所示。

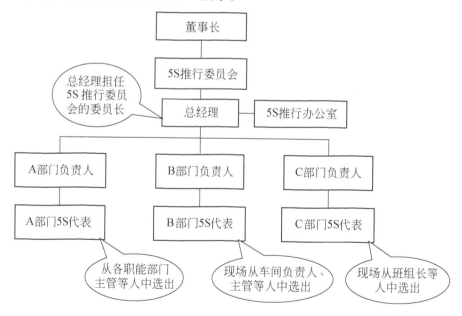

图 4-1　5S 推行小组的组织构架

① 5S 推行委员会。5S 推行委员会的目的在于激励并持续推行 5S 活动，其任务是对 5S 活动进行规划、监督、评价和指导。为此 5S 推行委员会需定期

（通常每个月）召开一次会议，讨论活动进展状况，听取各部门推进进展的汇报，总结各部门在推行过程中遇到的各种困难和问题，协调各部门的活动。

② 5S推行办公室。5S推行办公室主要负责制订和贯彻5S活动计划，对各个部门5S活动提供指导和支持，帮助解决各个部门在活动推行过程中出现的问题。

③ 部门负责人以及部门5S代表。在各个部门或车间，部门或车间负责人是5S活动的推行者，选举或指定一位或几位（根据部门规模而定）责任心强的骨干员工担任部门5S代表，负责实施推行部门的5S活动。5S代表可以从部门或车间负责人、主管、班组长中进行选择，也可以从积极向上的年轻员工中挑选出来。

5S推行委员会、5S推行办公室、部门负责人以及部门5S代表的工作很大程度上决定了5S活动的成功与否。要有效推行5S活动，推行小组中的各个层面的人员都需要履行其应尽的职责，具体如表4-1所示。

表4-1　5S推行小组责任人的职责

责任人	具体职责
5S推行委员会	⊙ 制定5S推行的目标、方针 ⊙ 任命推行办公室负责人 ⊙ 批准5S推行计划书和推行办公室的决议事项 ⊙ 评价活动成果
5S推行办公室	⊙ 制订5S推行计划，并监督计划的实施 ⊙ 组织对员工的培训 ⊙ 负责对活动的宣传 ⊙ 制定推行办法和奖惩措施 ⊙ 主导全公司5S活动的开展
各部门负责人	⊙ 负责本部门5S活动的开展 ⊙ 负责本部门的人员教育和对活动的宣传 ⊙ 设定部门内的改善主题，并组织改善活动的实施 ⊙ 指定本部门的5S代表
部门5S代表	⊙ 协助部门负责人对本部门5S活动进行推行 ⊙ 作为联络员，在推行事务时与所在部门进行信息沟通

4.2 做事有纲领，拟定 5S 方针目标

企业推行 5S 活动成功的关键是制定 5S 活动的推行方针和目标。推行方针是企业推行 5S 活动的管理核心，能充分发挥 5S 活动的特点和优点。推行目标是企业推行 5S 活动的动力，也是衡量 5S 活动成功与否的标准，能促使 5S 活动按计划要求实施。

（1）5S 推行方针

5S 推行小组在制定 5S 方针时，需要考虑如图 4-2 所示的要点。

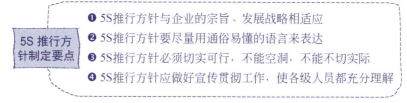

图 4-2　5S 推行方针制定要点

（2）5S 推行目标

为了使 5S 方针更加具体化，推行人员可以 5S 方针为基础框架设计具体的 5S 目标。具体目标如下。

① 提高可视化。随着杂物的减少、存放空间的定置、物品摆放的整齐，可以使现场的情况一目了然，有助于及早发现问题，解决问题。

② 创造干净舒适的工作环境。没有无用之物，干净整洁的工作环境令人心情舒畅。

③ 提高工作效率。如果整顿工作做得彻底，基本可以省去寻找物品的麻烦，操作台也会变得井然有序，在没有杂物的操作台上工作，效率也会提高。

④ 获得客户的满意。参观企业的客户看到干净整洁的工作环境，也能对产品的质量感到放心。

4.3 实施有计划，制订5S推进计划

所谓计划就是预先决定5W1H——做什么（What）、为什么做（Why）、什么时候做（When）、什么地方做（Where）、由谁做（Who）、怎么做（How）。

5S推行办公室需要对各部门和员工进行任务分工，5S推行计划制订要求如图4-3所示。同时，还需制订工作日程，让相关部门的负责人以及全公司的员工都知道应该在什么时间完成什么工作，如：什么时间进行样板区的选定，什么时间进行样板区5S管理推行，什么时间进行样板区阶段性交流会，什么时候开始全公司展开等。5S推行日程计划如表4-2所示。

```
┌─────────────────────────────────────┐
│         5S推行计划制订要求              │
│ ⊙ 5S推行计划通常以一年为周期制订        │
│ ⊙ 5S推行计划的内容尽可能详细地列出      │
│ ⊙ 5S推行计划的内容尽可能具体化          │
│ ⊙ 制订5S推行计划可多听专家的意见、建议  │
└─────────────────────────────────────┘
```

图4-3　5S推行计划制订要求

表4-2　5S推行日程计划

序号	项目	计划												主要成果	备注
		1月	2月	3月	4月	5月	6月	7月	8月	9月	10月	11月	12月		
1	5S推行组织成立														

续表

序号	项目	计划												主要成果	备注
		1月	2月	3月	4月	5月	6月	7月	8月	9月	10月	11月	12月		
2	5S 前期准备														
3	实施宣传教育														
4	样板区选定														
5	样板区 5S 推行														
6	样板区阶段性交流会														
7	5S 推行标准建立修正														
8	全体大扫除														
9	整理、整顿活动														
10	目视管理														
11	日常 5S 活动实施														
12	考核评分														
13	5S 活动阶段性总结														
14	文明礼貌月														
15	目视管理强化月														

5S 推行办公室在制订推行计划时首先需拟定草案,并评估成效,在经相关人员讨论后交给 5S 推行委员会审核审批后确认。5S 推行办公室在制订推行计划时,需注意如图 4-4 所示的要点。

在制订推行计划的过程中,5S推行办公室可以去找专业的顾问公司或顾问机构,为5S推进活动提供专业的咨询与指导

策划5S活动要根据企业的实际情况,计划相关的具体活动,以便起到激励士气、增强效果的作用

5S活动计划对于工作项目、时间、负责人都要有明确的说明,以便追踪

图 4-4　制订 5S 推行计划的要点

在 5S 推行计划完成之后,5S 推行办公室需将计划公布出来,以便相关人员都知道实施的细节。

4.4 工作有方法，确定 5S 实施办法

5S 实施的办法有很多种，制定一个好的实施办法是一个必不可少的过程，是 5S 活动推行成功的重要因素，其重要性如图 4-5 所示。

5S 实施办法的重要性

- 如果没有实施办法，将无法有效地实施
- 如果没有实施办法，将无法快速地推行
- 如果没有实施办法，实施将没有依照的标准

注：可在推行过程中根据情况进行实时调整和更正，从而找到更合适的方法

图 4-5　5S 实施办法的重要性

因此在制订完成 5S 推进计划之后，需要明确详细的 5S 实施办法，以便于让计划落实下来，具体如图 4-6 所示。

企业在制定 5S 实施办法时，需要注意以下要点。

① 主线原则。不同的岗位、不同的人员在 5S 活动中有不同的诉求，5S 实施办法应该考虑把握好 5S 活动实施的主线，主要解决重点环节和关键步骤。

5S 实施办法清单

❶ 要与不要的物品判定标准
❷ 无用物品分类处理标准
❸ 公司5S责任区域图
❹ 公司各类标识标准
❺ 公司日常清扫规定
❻ 公司5S检查制度
❼ 公司员工行为标准
❽ 5S活动考核评比办法
❾ 5S活动奖惩办法
❿ 公司5S管理表格清单

图 4-6　5S 实施办法清单

② 内容全面。对工作内容、工作标准和如何实施进行详细说明，以便进行 5S 活动的具体实施。

③ 适用性。5S 活动要真正得到推行，实施方法必须简单可行，具有可操作性，符合实际情况。

④ 定量和定性结合。考核评比办法中的考核指标，能量化的指标就量化，不能量化的指标就定性评估，应本着定量和定性尽可能结合的原则。

⑤ 适时修订。随着时间的推移，实施办法也可能存在不适合的问题，对于发现的问题需要及时进行修订。

5S 实施办法主要由 5S 推行办公室制定，经由 5S 推行委员会审批通过后执行。

实用工具 1　5S 活动推行计划

文案名称	5S 活动推行计划	编　号	
		执行部门	

一、建立 5S 推行组织

1. 企业需要建立 5S 推行组织，推行小组的责任人包括 5S 推行委员会、5S 推行办公室、各部门推行负责人以及部门 5S 代表等。

2. 公司最高管理者是 5S 推行委员会负责人，各职能部门主管是本部门的推行负责人。

二、确定 5S 推行组织职责

在 5S 推行组织建立之后，需要确定 5S 推行组织的职责，以便其按职责进行 5S 推行工作。

三、规划 5S 的责任区域

公司 5S 推行组织建立后，首先应明确划分各部门 5S 责任区域，确定 5S 责任人员，以公司区域图张贴公布。

四、制定 5S 推行方针及目标

依照企业特色制定具体可行的推行方针，作为 5S 活动展开的准则及推行的方向。同样也要预先设定目标，作为 5S 推行的努力方向及推行成果的参照。

五、5S 活动推行的日程

编制日常活动推行计划表，保证活动按计划进行。执行期间需设定具体主题，要既有长计划，又有短安排。5S 推行计划经推行委员会讨论定案，由主任委员审阅、核准，并公布予以执行。

六、制定 5S 活动实施办法

5S 活动的推行与展开，要通过明确的书面规范，让员工了解哪些可做，哪些不可做，怎么做才符合 5S 精神等。5S 活动办法包括：物品要与不要的区分标准，不要物废弃处理方法，5S 活动考核评比方法等。

七、推广宣传与教育训练

1. 教育训练是 5S 活动成败的关键，特别是本部门主管，一定要起表率作用，做好本部门的老师，使全员达成一致认识。

2. 经过一段时间后，5S 推行专员要组织各项推广宣传活动，进行宣传造势，在全厂范围内张贴标语等。

续表

八、5S 活动试点展开

1. 5S 开始应先选择特定的示范区域，树立样板区，利用示范区域的经验加快活动的进行。

2. 在确定试行单位后，5S 推行专员协助示范区域主管制定施行方案，并督导做好试行前的准备作业。

3. 5S 活动在试点单位开展一段时间后，由 5S 推行委员会检查试行方案的落实、执行情况，评价活动的实施效果等。

九、5S 活动正式实施

1. 通过对试点部门 5S 试行结果进行检讨后，确定公司正式实施 5S 的活动方案及推行办法、推行时间，由 5S 推行委员核准后予以公布，让全公司员工了解 5S 活动推行的进程。

2. 活动办法由推行办公室对各推行专员进行说明，各推行专员对本部门进行说明。

3. 当 5S 活动确定全面展开和实施时，公司最高层应召集全体人员举行宣誓大会。

十、5S 活动的诊断与检查

5S 活动的整个推行过程，必须对每个"S"进行定期诊断与核查，对活动过程中的偏差及时采取对策进行修正。

十一、5S 活动评价

1. 制定评分标准。
2. 确定 5S 的评分方法。
（1）确定评分的频率。
（2）确定评分的工具。
（3）确定 5S 评分计算方法。
3. 运用目视管理（颜色板）公布 5S 活动评分。
4. 制定奖罚的规定。

十二、5S 活动的检讨与改善

问题点的检讨。5S 推行专员依照 5S 评分表中记录的问题点进行整理，统计各部门的总缺点数量及主要缺点项目，做成各部门重点改善项目，并以 5S 活动整改通知传达至各部门，要求在限期内进行整改。

十三、纳入日常管理活动

5S 活动的实施要不断进行检查改善以及效果确认，当确认改善对策有效时，要将其标准化、制度化，纳入日常管理活动架构中，将 5S 的绩效和能率、客户投诉率等并入日常管理活动中。

编制人员		审核人员		批准人员	
编制日期		审核日期		批准日期	

第 5 章

5S 推行导入阶段

5.1 下定决心，打消疑虑

在推行 5S 活动之前，无论领导者还是员工都存在着这样或者那样的疑虑，不能下定决心开展 5S 工作。但是 5S 活动的关键就在于实施，如果不打消疑虑下定决心实施的话，所有的一切都是空谈。

领导者需要打消疑虑，要抱着即使失败也不会损失什么、如果成功就是赚到了的心态，积极地推进 5S 活动。再说 5S 并不需要投入很多的资金，即使失败了也不会产生多少损失，没有比 5S 风险更小、获益更大的项目了。因此，领导者完全可以打消疑虑，只有领导者下定决心实施，5S 才能继续往下推行。

5S 活动的推行不是只有领导下定决心就可以，企业内参与 5S 的所有员工也需要打消疑虑、下定决心，积极动手开展 5S 活动，不要寻找各种各样的借口进行推脱。如果员工总是以这样那样的借口推脱，注定了 5S 活动不可能实施下去。

推行 5S 活动时常见的疑虑如图 5-1 所示。

5S 推行人员为了 5S 活动推行

疑虑：
- 反正很快又会变脏，干嘛要那么麻烦
- 5S 活动又不能提高质量和工作效率
- 现场虽然很乱，需要的东西还是能够找到
- 公司以前没有做 5S，不也逐步发展了嘛
- 公司这么忙，天天加班赶货，哪还有时间做 5S
- 5S 活动只是表面功夫，赶货才是最要紧的事情

图 5-1 推行 5S 活动常见的疑虑

成功，要对为什么推进5S活动、推进5S活动有什么意义向大家进行说明，打消大家的疑虑，使员工积极推行5S活动。

5.2 了解现状，营造条件

企业在下定决心推行 5S 活动之后，下一步就是要把握所有与 5S 相关的公司现状，只有把握现状，才能确定现状与目标之间的差距，从而找到解决方法。

企业可通过观察诊断来了解工作场所的水准，发现存在的问题。企业在诊断时，可通过对工作场所进行分类，将公司各类工作场所现状与各场所的 5S 活动目标进行比较。诊断发现的问题可通过定点拍摄的方式把它记录下来并保管好。

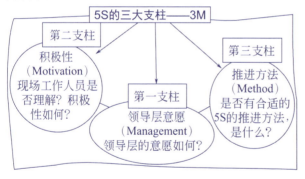

图 5-2　5S 的三大支柱——3M

企业除了通过对工作场所现状的诊断来了解企业现状外，还需要对是否实施过 5S 等问题进行了解，确定企业的现状。同时还需要了解 5S 的三大支柱——3M，如图 5-2 所示。

企业 5S 推行人员通过对这些问题的了解，可以确定企业是否具备推行 5S 活动的条件，如领导层有决心，员工理解并积极则适合推行 5S，对于曾经实施过的企业找出了 5S 推行失败的原因之后，则可以进行后续的推行工作。

如领导层存在疑虑、员工并不理解和积极，那么 5S 推行人员还需要营造推行的条件，采取措施打消领导层的疑虑，提高员工的积极性，从而确保 5S 活动顺利实施。

具体需要了解的问题如下。

了解现状

生产现场现状

成品、半成品混杂，不利于物品的保管

5S活动目标

成品、半成品，一目了然

成品和半成品混杂，不利于区分

成品和半成品摆放整齐，利于查找

了解现状需明确的问题

5S推行人员了解现状需要明确的具体问题如下。
1．企业是否实施过活动？
2．在哪个部门实施过？实施了多久？
3．没有继续实施下去的原因是什么？
4．员工能否正确理解5S？
5．员工推行5S活动的积极性如何？
6．领导层的意愿如何？
7．能否找到合适的5S的推进方法？具体是什么？
8．在推行5S活动中可能遇到的难题是什么？
9．与5S活动的目标相比，企业现状是怎样的？

领导层的意愿、现场工作人员的积极性、推行方法
在5S的推行过程中至关重要，因此推行人员首先要了解公司的现状

5.3 事前疏通，做好准备

疏通是指为了使某方面事情进展顺利，事先跟各方面做好沟通。企业在推进 5S 活动之前，需要通过动员大会做好事前的疏通工作，以便下属成员做好相应的准备工作，使 5S 活动顺利实施。

（1）管理层的疏通

首先与管理层（管理者和监督者）的疏通是必要的，因为管理层必须理解 5S 推行的核心内容，才能起到模范带头作用。同样，5S 的推行责任者或 5S 推行委员也都担负着重大责任，有必要与其进行事前沟通。

（2）召开动员大会

公司最高领导为了向全体员工表达推行 5S 活动的决心，可召开动员大会，对 5S 活动进行相关说明，这是 5S 活动推行过程中最主要的活动之一。公司最高领导董事长或总经理，要把 5S 的实施目的、必要性明确地向员工宣布。这样做，可以将公司内部全体员工的想法、价值观尽量统一，并使更多的人理解 5S 活动。图 5-3 是 5S 动员大会的具体宣讲内容。

1. 领导发表 5S 的导入宣言
2. 由 5S 推行办公室人员进行 5S 的推行说明
3. 对 5S 的推行组织和推行计划进行说明
4. 领导要向全体员工表达推行 5S 活动的决心

图 5-3 5S 动员大会宣讲内容

5S 活动的事前疏通和准备工作不要花费太多的时间，迅速有效的开始是 5S 成功的保证，虽然需要快速实施，但也需要考虑周全。

要点——全、短、简、精、决
全：全体员工都要参加
短：在短时间内进行说明
简：简要说明突出重点
精：现场人员要精神十足，充满干劲
决：领导层要表明决心

5.4 征集口号,制作标语

有人认为口号和5S标语是浪费,但是我们在推行过程中会发现,很多员工在培训的时候思路非常清晰,但是隔不了几天就忘记了怎样做好5S。

这个时候口号和5S标语就派上很大的用场了,公司张贴了5S标语以后,员工基本上上班时就会看看上面的内容,慢慢也就记住5S的精华所在,做事情的时候也就会按照5S的规范去做。同时在工作中不断用口号提醒大家、号召大家,5S活动也会做得更好。

所以现在很多企业都认识到口号和5S标语的重要性,所谓花小钱赚大利益,它的作用远远不能用它的市场价格来衡量。

口号可通过有奖征集方式获得,通过口号的征集可以让员工更多地参与到5S推行活动中,提高员工的积极性。口号是用来喊的,要求短小精悍,做好押韵,朗朗上口。因此5S推行人员在征集和筛选时一定要谨记要求。

标语主要是用来张贴的,通常以挂图的形式呈现,要求图文并茂,要形象地展示5S活动的内涵,通俗易懂,5S标语制作过程如图5-4所示。

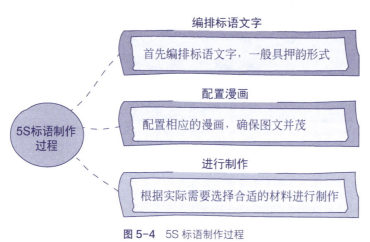

图5-4　5S标语制作过程

在标语制作完成之后，为了进行5S活动的宣传，企业将制作好的标语张贴在工作场所，这样做不仅能增强活力，而且能让员工对5S概念有感官上的认识，从而起到潜移默化的作用。标语的使用场所非常广泛，车间、办公室、走廊都可以使用。

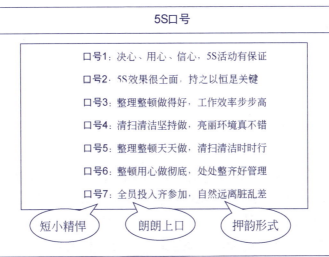

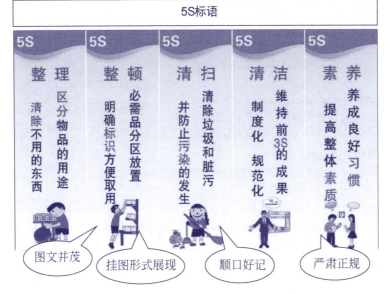

5.5 宣传推广，创造氛围

为了更好地让员工了解5S活动的内容，5S推行人员有必要进行5S的大规模宣传推广工作，以便创造良好的活动氛围，激起员工对5S活动的热情和兴趣。

企业在5S宣传推广的过程中，要充分利用内部周刊、宣传板报、标语牌等工具进行宣传。

① 内部周刊宣传。对于企业有内部刊物的，可以利用它来对5S活动进行宣传，介绍5S活动内容、实施要求以及可以达到的效果。企业内部刊物的影响很大，利用它能很好地推动5S活动的开展。

② 宣传板报宣传。企业可以通过制作宣传板报的方式来宣传5S知识。企业在宣传板报宣传的过程中，需要注意如图5-5所示的事项。

图5-5 宣传板报宣传注意事项

③ 标语牌宣传。标语牌可渲染活动氛围，既起到宣传作用，又起到鼓动和推动作用，因此企业还可以将制作好的精美的标语牌，张贴在工作场所，以烘托现场活动的气氛。

④ 制作宣传手册。为了让全员了解和执行5S，最好能定制宣传手册，并且人手一册，通过宣传手册，使全员确实掌握5S的定义、目的、推行要领、实施办法等。

企业除了利用上述的宣传工具进行宣传外，还可利用定点定期拍摄，将5S管理效果较差的地方或死角拍下来，让员工知道，督促其改善。

部分宣传工具示例如下。

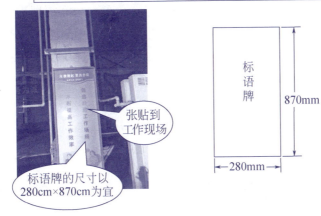

5.6 教育培训，明确要点

5S 宣传推广工作只能让员工了解 5S 的基本概念，只能解决部分问题，不能解决深层次问题。企业员工心里疑惑的消除以及观念的转变，需要通过教育和培训来实现。

很多企业进行过 5S 培训，但是我们会发现，在实际的 5S 培训过程中，很多员工对培训的兴趣并不浓厚，主动参与感也不强烈。

那么应该采取什么样的培训方法来改变员工的观念，使他们愿意积极参与 5S 活动呢？企业可从培训形式、培训内容和培训方式上进行加强。

① 培训形式。培训形式要生动，员工才愿意参与，培训要有讨论、案例分析等互动形式。有条件的话，部分培训可以选择在现场进行，结合现场、现物进行讲解，使员工理解和牢记。

建议即将实施 5S 的企业，可以到 5S 做得好的企业去参观学习，参观学习时不仅要看对方的 5S 效果如何，更要想办法了解它们是如何一步一步地开展 5S 活动的。参观学习后，应组织员工进行讨论，和本公司的现况做比较，讨论差距，商讨如何缩小差距，将模仿和学习作为推动 5S 的第一步。

② 培训内容。培训内容要有实战性，案例要多，通过具体案例进行讲解，员工听起来亲切，用起来容易。

③ 培训方式。企业可自行对员工进行培训，也可专门聘请专家当 5S 推行的顾问，然后对本企业人员进行培训和辅导。培训现场要签到，签到记录如表 5-1 所示。

表 5-1　公司 5S 培训签到记录

培训日期	2020.3.24	培训时间	9：00—12：00
培训地点	公司会议室	培训内容	如何推行 5S
培训课程	5S 推行培训课程	培训讲师	5S 推行专员
序号	受训人员	工作证编号	签名
1	李某某	0026	
2	张某某	0025	
3	王某某	0028	
4	彭某某	0031	

与其他任何培训活动一样，5S 教育培训也应制订培训计划，具体可依据情况编制年度、月度或临时项目计划，同时一定要根据管理人员、作业人员、新员工等不同情况进行量身定制。5S 教育培训计划可参照表 5-2 所示。

表 5-2　5S 教育培训计划

序号	项目	培训形式	参与人员	时间安排
1	5S 起源、目的、作用及推行意义			
2	推行 5S 管理案例			
3	整理、整顿推行重点、方法及案例			
4	整理、整顿现场参观或指导			
5	清扫、清洁、素养推行重点、方法及案例			
6	清扫、清洁、素养现场参观或指导			
7	检查表的编制方法及制作			
8	红牌作战及现场操作			
9	定置管理、看板管理及现场管理			
10	检查评比方法			
11	成果发布及其运用			

为了检验员工对 5S 知识的掌握程度，5S 推行人员需对参与培训的员工进行考核，并根据考核的结果进行奖优罚劣，向优秀员工颁发证书，通报表扬，不及格者进行补考直到及格。

5.7 即刻开始，打造样板

企业可通过指定一个车间或者一个区域来打造样板区。企业通过开展 5S 活动打造样板区所取得的成果来告诉各级管理人员和员工，只要有决心和信心，5S 是能够成功的，同时通过样板区的改变带动整个企业的改变。

1. ■ 选择硬件条件差、改善难度大的部门作为样板区
2. ■ 选择具有代表性的部门作为样板区
3. ■ 所选样板区的责任人改善意识要强
4. ■ 选择配合比较好、愿意改变的区域

图 5-6　选择样板区的要点

① 选择样板区。打造样板区的目的是在企业范围内找到一个突破口，并为大家创造一个可以借鉴的样板。为了这个目的，企业在选择 5S 活动样板区的时候，应注意如图 5-6 所示的要点。

② 打造样板区。样板区的打造工作，主要是针对整理、整顿和清扫这 3 个方面来开展，员工需要在短时间内进行突击整理，痛下决心对无用物品进行处理，然后进行快速的整理和彻底的清扫工作，从而改善工作现场的面貌。

③ 样板区展示。在样板区取得成果之后，为了起到示范和带头作用，企业需及时对样板区 5S 活动的成功进行系统的总结，并通过报告会、宣传会和内部刊物等多种方式将样板区的 5S 清理效果展示出来。企业还可以组织其他部门区域的相关员工到样板区进行参观活动，以激励员工进行现场改善。

④ 领导的肯定。企业高层对改善成果的认同是很关键的，为了使样板区的改善成果有号召力，企业领导应该对成果表示关注和肯定，积极参与样板区的参观活动，在各种场合对改善成果进行赞扬和肯定。

5.8 稳扎稳打，全面推行

在 5S 样板区推行成功之后，企业就可以按照其工作标准、工作经验等在企业各个部门和车间全面推行，全面推行的步骤具体如图 5-7 所示。

5S 推行人员在推行 5S 活动的过程中，需要稳扎稳打，避免盲目冒进。5S 推行人员在推进时需要注意以下事项。

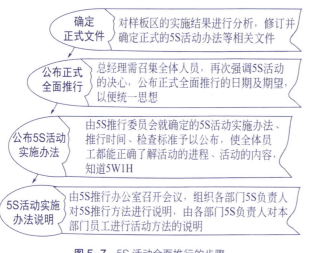

图 5-7 5S 活动全面推行的步骤

① 5S 推行委员会的高层领导要参与其中，以表示重视，5S 推行办公室要全方位跟进和辅导。

② 要按照标准和规范进行，特殊情况特殊对待。一般来说，样板区的经验会与企业其他部门有所差异。这时候要注意调整方法或调整规范、制度。但是各部门调整标准、规范时，要经过 5S 推行部门的确认，以便让整个企业都能统一行事，所以既要考虑特殊情况，又要注意协调统一。

③ 各部门要注意对推行的过程进行纪录，为总结经验和教训收集第一手材料，并为完善 5S 活动规范提供依据。

④ 在全面推行的过程中，企业内的全部员工都需要参与，并且要明确每位员工的职责，以免出现扯皮现象。

```
┌──────────────┐
│  样板区成功   │
└──────┬───────┘
       ▼
┌────────────────────────────────────────────────────────┐
│                  5S活动全面推行                          │
│   在推行5S活动的过程中，需要稳扎稳打，避免盲目冒进        │
│   样板区的经验会与其他部门有所差异，要注意调整方法或调整规范、制度 │
└────────────────────────┬───────────────────────────────┘
                         ▼
```

在仓库推行5S活动

在办公室推行5S活动

在生产现场推行5S活动

第 6 章

5S 推行实施阶段

6.1 领导支持，加入管理意志

领导的支持是确保5S活动成功最具效率的方法，如果领导故意推诿，或勉强应付，或爱理不理，5S活动自然是不会成功的。

因此5S推行人员需要争取领导的支持，以确保5S活动的成功，同时领导也需要采取切实的行动支持5S活动，加入管理意志，确保5S活动的有效推行，从而提高企业的员工素质，形成相应的企业文化。

领导支持绝不是停留在口号上，而是要采取实实在在的行动，具体的行动如图6-1所示。

1. 组织在内部刊物、宣传栏进行宣传，声势浩大的推广将使各种阻力大幅减少，对5S活动的推行非常有益
2. 提供相应的资金和物资等方面的支持，调动内部各种力量为5S活动的推行服务
3. 在公司调度会议、工作会议上不断强调5S管理的重要性，提高员工的重视程度
4. 尽量出席推行委员会会议，与推行办公室人员一起参加5S活动的评比
5. 对好的部门给予称赞，差的部门给予批评与督促，提高员工开展5S活动的激情和动力，促使后进员工和后进部门仿效和跟进

图6-1 领导支持5S的行动

当领导不理解5S活动时，5S推行人员也需要争取领导支持，具体如何争取呢？

① 认真做好5S活动计划以及5S活动的组织准备工作，以工作的实际行动来争取领导的支持。

② 充分做好事前的调查研究，着重在5S活动的利弊分析上做好准备，为领导的正确决策做出应有的分析。

③ 本着实事求是的原则做好汇报，确保领导对5S活动的实施情况能够

及时准确地掌握,以便及时提供必要的支持。

④ 在得到领导认可的基础上,尽其所能把工作完成好,让领导满意以获得进一步支持。

6.2 提供资源，编制各类预算

虽然推行 5S 活动不需要很多的资金，但也不是意味着完全不花一分钱。任何策略都需要一定限度的资源。同时 5S 是以人的活动为中心的，所以确保充足的时间资源和人力资源非常重要。

企业为了保证 5S 活动的推行，需要及时提供必需的资源。那么 5S 活动需要的资源具体有哪些呢？

① 资金资源。进行 5S 活动需要购置一些看板、表卡、标识牌等物品，需要制作一些宣传标语，需要必要的清扫工具等，这些都会用到钱。5S 推行办公室对于 5S 活动推行所需要的资金，需提前编制预算，提前计划好，然后上报领导进行审批。具体所需要的资金通过 5S 活动推行所需要的物品进行预算。

② 人力资源。在 5S 活动中人力资源非常重要，企业对推行 5S 活动所需的人力资源需要提前做好安排，避免出现开展 5S 活动无人实施的情况。通常企业都会任命从事 5S 的专职人员。

③ 时间资源。为了保证 5S 活动时间，企业需要提前对工作时间进行预算，5S 可在上班时间内或加班时间以及节假日时间进行，上班时间相关部门负责人需提前做好工作进度安排，避免工作和 5S 活动出现冲突。

如果企业不提供必要的资源支出，最后可能导致很多事情一拖再拖，从而使 5S 活动半途而废。

5S活动不是一分钱不花的,需要确保一定的时间、资金,以及人力资源,这些是5S活动成功的重要因素

6.3 督导落实，杜绝光说不练

员工是否行动，5S 活动是否落实是确保 5S 活动能否成功的关键。员工行动，5S 活动得到落实，5S 活动就可能取得成功；员工不行动，5S 活动得不到落实，5S 活动最终将走向失败。企业在推行 5S 活动的过程中，必须杜绝光说不练。

在 5S 的实施过程中，很少有人为了使现场变得干净整洁而积极主动地采取行动，进行整理、整顿、清扫工作。

因此为了确保 5S 活动得到有效落实，杜绝员工光说不练，企业领导、5S 推行专员以及各部门 5S 负责人需对 5S 落实情况进行监督和指导。具体的监督指导工作如图 6-2 所示。

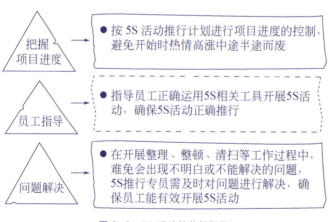

图 6-2　5S 活动的监督指导

5S 推行专员或各部门负责人员在监督指导的过程中，对员工不执行或工作不到位的情况，应尽量避免出现不耐烦或大声指责等行为，否则只会让员工更加抵触 5S 活动。对于员工不执行，管理人员需与员工进行沟通，找出其不愿实施的真正原因，对其进行劝说、解释；对于员工工作不到位，则需帮其进行指导和解决。

6.4 团结一致,全员参与活动

很多企业可能片面地认为 5S 活动是 5S 推行委员会或是管理人员的事情,但在 5S 活动的推行过程中,5S 活动的各阶段都必须向每个人分配明确的任务和职责,由员工亲自去落实 5S 职责和完成 5S 任务。因此 5S 活动推行不仅是 5S 推行委员会或是管理人员事情,而是全体成员的事情。

企业为了保证 5S 活动的有效推行,全体成员必须团结一致,全员参与。让全体员工参与 5S 活动的具体实施要点如下所示。

① 在整理阶段,全员一起实施整理,清除废物,创造舒适的工作环境。

② 在整顿阶段,全体员工一起进行物品的安置,使区域布局、物品定位趋于合理,方便取用和归还,减少寻找时间的浪费和寻找过程中的焦虑情绪。

③ 在清扫阶段,全体员工要进行彻底的清扫,力求现场整洁明亮,创造无垃圾、无污染的清洁工厂或车间。

④ 在清洁阶段,全体员工需要时刻维护工作场所的清洁,保持其干净整洁。

⑤ 在素养阶段,全体员工都要养成良好的工作素养,创造一个良好的工作环境。

推行 5S 活动不仅能够创造干净整洁舒适的现场环境,5S 活动参与者的意识也会发生改变,并能体会到现场改变后的成就感。

为了使全体员工都参与 5S 活动,企业可通过开展各种各样丰富多彩的活动来激发员工的热情,调动员工参与的积极性。常见的活动如图 6-3 所示。

- 发行5S活动刊物，或在现有刊物上开辟5S专栏进行宣传
- 制作5S宣传板报，张贴或悬挂5S标语、口号
- 召开5S活动动员会和报告会
- 开展5S宣传画、标语、口号等征集、表彰活动
- 开展5S竞赛和检查评比活动

图6-3 常见的5S活动

6.5 专人专区,划分责任区域

划分区域责任是指将5S活动区域具体划分落实到各部门或生产现场各班组的人员上。5S管理刚开始的时候,因为所有人都在摸索着前进,许多事情都在改变,因此十分清晰地明确责任人有点困难,不排除会出现扯皮现象。

但是在5S活动开展一段时间之后,5S岗位责任人就基本可以明确,设置专人专区,就可以保证事事有人管,使5S活动能够有效实施,也使管理成果能够维持下去。

同时通过明确每个人的责任,就可以使所有人都不能置身事外,无形之中就把大家融入整个活动中。

责任区域进行具体的划分时,按照如图6-4所示的方法进行划分。

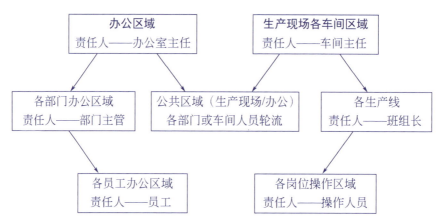

图6-4 责任区域划分方法

比如该区域是办公区域,那就将办公区域划分成两个区域。办公室主任是总负责人,各部门主管是小区域负责人。如此划分,在出现问题的时候5S

推行小组能够方便地找到负责人,而员工发现问题却无法解决的时候也能够找到可以"依靠"的人,这样层层递进,能够有助于执行力的提高,方便管理。

××公司5S责任区域划分图如图6-5所示。在图中生产现场责任区域划分主要分为7个区,包括电加工区、生产加工1区、生产加工2区、数控车床加工区、数控铣床加工区、控制室、办公室,其相应的5S责任区域负责人在图中已标注。

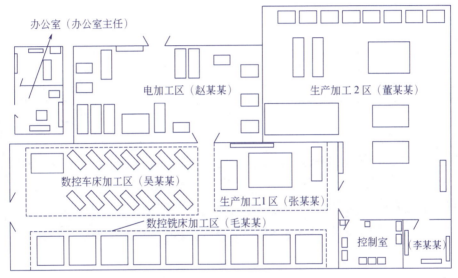

图6-5 ××公司5S责任区域划分图

数控车床加工区责任分工一览表如表6-1所示。企业在划分各区域责任人之后,各区域责任人则对其负责的区域进行细分责任到个人之后,全体员工都有各自的责任区域,就会在空闲时间随时打扫,保持干净。

表6-1 数控车床加工区责任分工一览表(总负责人:吴某某)

区域	管理中心	车床1	车床2	车床3	车床×	通道
责任人	张某某	李某某	郑某某	李某某	相应操作人员负责	本区域内员工轮流负责

第 7 章

5S 推行固化阶段

7.1 专人巡查，检查是否达到目标

为了确保 5S 活动达到预定的效果，企业需确定专人对各区域的 5S 实施情况进行检查。

通常 5S 推行委员会每月组织相关人员对 5S 活动的实施情况进行监督检查，5S 推行办公室则负责每日进行日常的 5S 活动监督巡查工作。

5S 推行办公室在日常的监督巡查过程中，最大的障碍是公共区域的 5S 监督巡查，因为几个部门可能负责同一个区域，发现 5S 问题较难判断是谁所为，扣谁的分都非常为难。因此，5S 推行办公室采用以 5S 推行办公室专职巡查为主，区域负责人巡查为辅的方式进行检查，在落实责任的基础上合理扣分，充分实现区域内责、权、利相统一的问题，调动了区域责任部门的积极性。

5S 推行办公室及区域负责人在巡查的过程中，需要注意如图 7-1 所示的要点。

巡查要点：

1. 对公司全部区域进行监督巡查，每月的监督巡查工作至少有一次覆盖公司所有区域
2. 5S推行办公室在监督巡查结束后，将检查结果形成记录，向领导报告检查结果
3. 应将监督巡查期间在各区域内拍摄的违规现象的照片，及时反馈到责任部门
4. 各部门5S管理员在收到区域违规照片后，及时对5S不符合项进行整改
5. 5S推行办公室对存在5S不符合项的区域整改情况进行跟踪，监督整改情况

图 7-1 巡查要点

5S 推行办公室在巡查过程中，可根据 5S 检查表的事项进行。一般来说，5S 推行专员在进行巡查活动时，不要受检查表的局限，可以不拘泥于形式，从企业的大局出发提出 5S 要求，督促现场部门进行改善。若太拘泥于检查表的具体检查项目，就可能失去对活动大局的有效掌握。

办公室的巡查

仓库的巡查

生产现场的巡查

公司巡回检查：由公司5S推行办公室进行各区域5S活动的日常巡回检查
责任区域巡回检查：由公司各责任区责任人进行现场5S活动的日常巡回检查
班组现场自我检查：由各个责任区域内的班组长进行现场5S活动的日常巡回检查

7.2
评比考核，有奖惩才会有动力

企业领导要定期对 5S 活动进行考核评比，对于 5S 活动开展得好的部门进行奖励，对于不好的部门进行惩处，这样员工才会有动力。如果领导只是从口头上要求员工好好进行 5S 活动，而不对实施的结果进行评比考核并做相应的奖惩，这样员工又有谁有动力去坚持实施 5S 活动呢？

（1）制定评分标准

通常对于工厂而言，5S 的检查评分标准为两种：一种是用于生产现场的评分标准，适用于生产车间、仓库等一线部门；另一种是科室评分标准，适用于办公室等非生产一线的工作场所。企业需要根据情况制定相应的评分标准进行评价。

企业在进行评比考核时，通过 2 个阶段进行：一是召开评比考核会，由被评比考核的部门就 5S 活动的开展情况向评比考核组汇报；二是评比考核组面向各部门现场的评比考核。

（2）召开评比考核会

举行评比考核会是为了使评比考核组对评比考核部门的 5S 活动开展的总体情况有一个了解，部门负责人就本部门 5S 活动的推行情况进行报告。具体的报告内容包括 5S 活动实施过程、实施效果、活动开展的方向、本部门 5S 活动的成果总结。

（3）现场评比与考核

评比考核会结束后即进入现场评比考核阶段，现场评比考核的进行方式主要是评比考核组听取现场工作人员实地介绍 5S 活动的改善事例和改善心得，并按评分标准进行实地检查，由评比考核组直接评价被评比考核部门的5S活动所取得的成绩和存在的不足。

（4）5S 活动奖惩

5S 活动评比考核结束后，对于开展 5S 活动存在不足的，可向评比考核部门发出 5S 活动整改表要求限期整改，对于整改不到位的，可适当地进行惩处，对于 5S 活动做得完善到位的，可颁发优秀流动红旗进行表彰。

7.3 持续进行，不断深化开展活动

5S活动推行常会出现这样的情况，最初制订的5S活动推行计划开展得很顺利，过段时间就无疾而终了，或者有的企业花了好几年的时间推行，但结果却与目标相差甚远。不少企业发生过"一紧、二松、三垮台、四重来"的现象，因此，开展5S活动，贵在坚持。

为将这项活动坚持下去，企业在推行5S活动时，引进PDCA循环管理方法，对5S活动的整体工作进行流程管控，从而把控进度及效果。

PDCA循环是指P——计划（Plan），D——执行（Do），C——检查（Check），A——处理（Action）。每推行一次PDCA循环，5S活动就会提高一步，现场就会进一步改善。

企业在5S活动推行期间，各个部门和车间也需要将计划、执行、检查和处理工作持之以恒地做下去，持续推行5S活动将逐见成效，若不能坚持，则5S活动将很难成功。PDCA循环具体如图7-2所示。

为了确保5S活动工作执行到位，企业需坚持施行持续5S管理法，即常整理、常整顿、常清洁、常规范、常自律，不断深化开展5S活动。各部门和车间人员也需贯彻持续

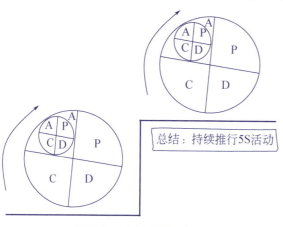

图7-2 PDCA循环示意图

5S 管理法，确保 5S 活动持续进行下去。

除了这些方法之外还要将 5S 活动纳入岗位责任制，使每个部门、每个人员都有明确的岗位责任和工作标准，严格、认真地搞好检查、评比和考核工作，将考核结果同各部门和每个人员的经济利益挂钩等。

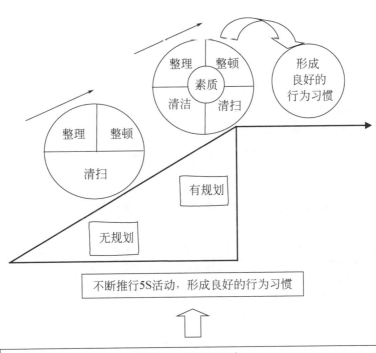

7.4 固化效果,形成固定企业文化

在 5S 的推行过程中,企业很容易陷入一个怪圈,就是全体员工动手大扫除或者收拾一通后,就认为达到了 5S 的要求,然后便制定相应的考核、奖惩制度来维持,以为从此可以一劳永逸了,但是过段时间企业内又恢复原来的样子。

对此,企业为了固化 5S 活动的效果,形成固定的企业文化,可将 5S 推行工作标准化。通过标准化,固化员工的工作方式,使员工形成良好的习惯,从而达到固化 5S 活动效果的目的。

标准化是指对一项工作或任务以最好的实施办法作为标准,让所有的人都按照这个标准执行。工作实施办法的标准化需要满足如图 7-3 所示的条件。

制定完标准之后,如何让员工自觉地执行,并成为一种习惯呢?具体的方法如下。

① 提高员工自觉遵守标准的意识。

② 帮助员工理解标准化的意义,从领导到现场人员都要彻底地深入理解,并展开教育和培训。

③ 班组长要到现场进行指导,并跟踪确认。

④ 将标准展示、宣传出来,放在显眼的位置,使之一目了然,让所有的员工都能充分理解,并遵守标准。

⑤ 严厉指正违反标准的行为,避免员工再次违反标准。

⑥ 遵守 PDCA 循环原则,检查、评估、修正,不断完善。

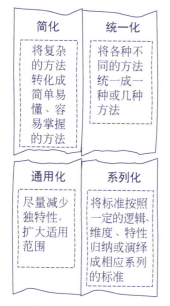

图 7-3 标准化的条件

按工作标准实施5S活动，从而形成良好的习惯
常整理、整顿、清扫，保持清洁，从而形成良好的习惯

井然有序的公司，必然具有良好的企业文化

实用工具 2　5S 活动巡查问题记录

1. 发现问题的巡查人员						
总经理		生产部经理	物控部经理	品质部经理	行政部经理	
管理者代表		采购部经理	物控部代表	品质部代表	行政部代表	
A 车间代表		B 车间代表	C 车间代表	采购部代表	食堂代表	
					生产部代表	
2. 上次巡查不良点改善状况						
责任部门	生产部	物控部	品质部	行政部	采购部	A 车间	B 车间	C 车间	食堂
改善率									
3. 与上次巡查情况的对比									

责任部门	上次巡查问题情况				责任部门	本次巡查问题情况				成绩
	1 点	2 点	3 点	4 点		1 点	2 点	3 点	4 点	
生产部					生产部					
物控部					物控部					
品质部					品质部					
行政部					行政部					
采购部					采购部					
A 车间					A 车间					
B 车间					B 车间					
C 车间					C 车间					
食堂					食堂					

4. 本次巡查问题明细		
责任部门	不符合事项内容	改善要求

备注：

实用工具3 5S活动考核评分办法

制度名称	5S活动考核评分办法	编　号	
		执行部门	

第1章　总则

第1条　目的

为了使公司5S活动能够有效实施和不断进行改进，促进公司产品质量和工作效率的提高，更好地满足客户需求；同时有效地创造良好的员工工作环境，保证员工安全，提升公司整体形象，特制定此办法。

第2条　适用范围

本办法适用于全公司的5S责任区。

第3条　管理职责

由公司5S推行办公室负责组织对全公司5S责任区的检查、考核评比和奖罚等工作。

第2章　考核评比准备

第4条　5S评比责任单位划分

为保证评比公平、公正，根据责任区的性质不同，分为三组（只组内考评，不进行组间考评）。第一组是办公室区域，第二组是生产现场区域，第三组是公共管理区域。

第5条　确定考核评比频率

考核评比频率主要包括周考评、月考评以及年度考评。

第6条　确定考核评比形式

1. 考核由上至下分级开展，5S推行办公室考核部门经理，部门经理考核车间主任，车间主任考核班组长，班组长考核员工。

2. 各级的考核范围为其责任区域，考核人员在员工的责任范围内发现不符合标准的扣分项，不论是由哪名员工造成，全部由该区域负责人承担，对其扣除相应不符合项的分数。该区域负责人发现某员工不符合标准项，则直接扣该员工相应不符合项分数。

第7条　5S考核评比规定

1. 5S推行办公室依据本制度及5S检查表对5S活动进行考核。

2. 对5S检查不合格部分拍照留影，检查结果由5S推行办公室人员记录汇总公布。

3. 5S推行办公室依据检查结果，分发5S纠正措施单，并监督整改。

续表

第3章 考核评比实施

第8条 周考评

1. 由5S推行办公室组织于每周四和周五分别对各部门5S责任区进行检查评比,为保证公平合理,责任区负责人不可以对其所在的责任区打分。
2. 根据5S检查表给各责任区的整理、整顿、清扫、清洁、素养工作进行打分。
3. 然后对各责任区存在的主要问题点进行记录,对责任区上周提出的问题点的整改情况进行检查。
4. 对改善亮点或存在问题点,进行拍照。
5. 5S推行办公室依据打分结果进行统计、评比并通报公布。其中,周成绩等于检查小组各组员打分的平均值。

第9条 月考评

1. 月考评的检查细则内容与周考评相同。
2. 月考评成绩 = 第一周考评 + 第二周考评 + 第三周考评 + 第四周考评。
3. 根据月考评结果,取得重大进步的5S责任区,公司将重点表扬(公司设置重大进步奖)。
4. 根据月考评结果,若有突出改善案例的5S责任区,可向由5S推行办公室提交改善案例,经由办公室确认后,公司将重点表扬(公司设置优秀改善案例奖)。
5. 月考评结果,将纳入各部门经理的绩效考核。

第10条 年度考评

1. 由5S推行办公室组织各部门5S责任区负责人进行年度考核及评比。
2. 根据各部门5S责任区月考评结果,综合日常工作中的表现情况,从所有5S责任区中选取六个入围,参与年度优秀5S责任区评比。
3. 被选中的六个入围的5S责任区,每个责任区需提交一份"本5S责任区年度工作总结报告"(PPT格式),经5S推行办公室组织专人进行打分。
4. 报告评价完毕,5S推行办公室再对参评责任区进行现场打分。
5. 年度评比报告占总分的60%,现场打分占总分的40%。
6. 年度考评结束后,由5S推行办公室进行统计、评比,公布优秀5S责任区。公司领导对获奖的优秀5S责任区的和获得入围的5S责任区颁发证书、奖金。

第4章 考核评比奖罚规定

第11条 月度考评奖罚规定

月度考评结束后,人力资源部可按照月度考评奖罚规定,对员工进行奖惩,月度考评奖励规定如下表所示。

续表

月度考评奖励规定

月度考评结果	具体奖励措施		
	5S 责任区	责任区负责人	责任区部门部长
第一名	奖先进 5S 责任区流动红旗；奖办公室人员 150 元、现场人员 300 元	加绩效分 1 分	加绩效分 2 分
第二名	奖先进 5S 责任区流动红旗；奖办公室人员 100 元、现场人员 200 元	加绩效分 0.7 分	加绩效分 1.4 分
第三名	奖先进 5S 责任区流动红旗；奖办公室人员 50 元、现场人员 100 元	加绩效分 0.4 分	加绩效分 0.8 分
重大进步奖	奖 150 元	加绩效分 0.5 分	加绩效分 1 分
优秀改善案例奖	奖 100 元	加绩效分 0.5 分	加绩效分 1 分
对月度考评排名较低的人员提出批评，并视情况减绩效分。			

第 12 条　年度考评奖罚规定

年度考评结束后，人力资源部可按照年度考评奖罚规定，对员工进行奖惩，年度考评奖励规定如下表所示。

年度考评奖罚规定

年度考评结果	具体奖励措施
优秀 5S 责任区第一名	"年度优秀 5S 责任区"奖牌，奖金 1500 元
优秀 5S 责任区第二名	"年度优秀 5S 责任区"奖牌，奖金 1000 元
优秀 5S 责任区第三名	"年度优秀 5S 责任区"奖牌，奖金 500 元
入围奖	"年度优秀 5S 责任区入围"奖牌，奖金 300 元
对年度考评排名较低的责任区提出批评，并视情况惩罚。	

续表

第 6 章　附则					
第 13 条 本办法由 5S 推行办公室制定，其解释权、修订权归 5S 推行办公室所有。 第 14 条 本办法由 5S 推行委员会审核，总经理审批通过后实施。					
编制人员		审核人员		批准人员	
编制日期		审核日期		批准日期	

实用工具4 5S检查表（办公室）

5S	序号	项目	评分标准				
			1分	2分	3分	4分	5分
前4S	1	办公桌	桌面凌乱，办公用品随意摆放	物品堆积，未区分常用物品和非常用物品	偶尔对办公桌进行整理	定期对办公桌进行整理，未对物品进行定位放置	办公桌面整齐干净，办公用品定置摆放
	2	抽屉	抽屉内混乱，办公用品随意摆放	私人物品与公用物品未区分开来	私人物品与公用物品分开放置	全部为公用物品，但未进行定位放置	全部为公用物品，物品进行定位放置
	3	文件档案	文件档案没有标识	文件档案标识不明确，或不统一	过期或无用的文件档案占据大量空间	基本没有过期或无用的文件档案	文件档案全部标识，一目了然
	4	公告	公告物品未按规定进行展示	公告物品按规定进行展示，但存在破损或过期	公告物品进行一定管理，但是不整洁	公告物品进行定期清扫和更换，偶尔有不干净整洁的情况	公告物品每日均检查清扫，干净整洁
	5	办公区域	办公区域凌乱	办公区域比较整齐，但没进行区域的规划	办公区域现场比较整齐，区域规划模糊不清	现场整齐，区域规划清楚	空间布局合理，物品进行合理的放置
	6	清扫工具	破损不堪，不能使用，随便乱放	清扫工具集中放置在一起	有定位，但未进行标识	能使用，有保养，有定位，但不整齐	摆放整齐，干净，采用目视管理

续表

5S	序号	项目	评分标准				
			1分	2分	3分	4分	5分
素养	7	日常5S活动	办公区域地面有污渍	垃圾很显眼，没做到日常清扫	办公桌下面、角落里还不清洁	进行日常清扫，桌面基本清洁	随时保持清洁，已成为工作的一环
	8	制定作业标准	都没有制定作业标准	有一半制定了作业标准	大部分都制定了作业标准	只有最近新开的业务没有制定统一的作业标准	所有标准全部统一
	9	行为规范	没有制定行为规范，没有人注意仪容仪表和礼仪	有一半人注意自己的仪容仪表和行为举止	大部分都比较注意	只有一两个人员不太注意	仪容仪表符合行为规范，能够有礼貌地问候，行动有礼有节

实用工具 5　5S 检查表（生产现场）

5S	序号	项目	评分标准				
			1 分	2 分	3 分	4 分	5 分
前4S	1	通道	有很多的东西或脏乱	行驶不通畅	摆放的物品超出通道	物品超出通道，但有警示牌	既畅通又整洁
	2	物料	1个月以上未用的物料杂乱摆放	没有无用物料，常用物料杂乱摆放	有定位但未严格执行或无标识	有定位，也处于管理状态，但拿取不方便	物品定位摆放整齐，拿取方便
	3	工具设备	破损不堪，不能使用，放置杂乱	不能使用的集中放置在一起	有定位，但标签破损或有污迹	能使用，有保养，有定位，但不整齐	摆放整齐、干净，采用目视管理
	4	操作台	不使用的物品摆放杂乱	不使用和常用物品分开放置	放置经常使用的物品，但杂乱	物品编制整齐，但是有灰尘，未定位	物品定位编制整齐，干净整洁
	5	货架	物品摆放很凌乱	物品摆放整齐，但未分类存放	物品分类存放，但未进行标识	物品分类存放，并进行标识，但浪费空间	规划适当，货架、物品、标识一致
	6	公布栏	文件破损且有灰尘，或书写杂乱	过期的文件未及时撤掉	张贴、书写不整齐，但是整洁	从左到右张贴整齐，看板清洁干净	看板有做美术设计，漂亮、新颖
	7	文件档案	放置凌乱，使用时找不到	虽然放置杂乱，但可以找到	有轻微灰尘	分类保管，但无次序	干净、整齐、有次序，能很快找到

续表

5S	序号	项目	评分标准				
			1分	2分	3分	4分	5分
前4S	8	工作区域	工作现场凌乱	现场比较整齐，没进行区域的规划	现场比较整齐，区域规划模糊不清	现场整齐，区域规划清楚	各区域进行定位，空间干净整齐、亮丽
	9	地面	偶尔清理，地面有污渍	经常清理，有脏污痕迹	地面不是很平整	经常清理，地面没有脏物且平整	地面干净，感觉舒服
	10	洗手间	容器设备、地面等脏乱	各设备破坏未修补	进行定期清洁，但有异味	经常清理，没有异味	干净整洁，感觉舒服
素养	11	日常5S活动	没有日常清洁活动，不配合5S检查	有清洁工作，但不配合5S检查	开会对5S活动进行了宣传	平时能完成清扫工作，且积极配合稽核工作	活动热烈，大家积极配合
	12	仪表	没按规定穿工作服	按规定着装，但衣服很脏	衣服稍有脏污，但不整齐，纽扣未弄好	衣服干净，但未挂工作牌	衣服干净，证件齐全
	13	行为规范	举止粗鲁、不讲文明习惯	不讲卫生，没有好的行为习惯	自己的事自己做好，但缺乏公德心	公司规定均能遵守	有主动精神，团队精神
	14	工作纪律	长期不遵守纪律，上班迟到、早退、离岗	不愿遵守工作纪律，但会尽力去做	偶尔存在违反工作纪律的现象	遵守纪律，不存在违反工作纪律的现象	积极遵守，还会提出好的意见建议

第 8 章

第1个S：
整理

8.1 什么是整理

整理是指将必要物品与非必要物品区分开，清理非必要品，在岗位上只放置必要物品的活动。整理活动是 5S 活动实施阶段的第一步，公司通过整理活动可以减少非必要物品所占的空间，确保必要物品所需要用的空间。

整理非必要品时，该丢的就丢，不要觉得可惜，因为通过丢弃非必要品会把有价值的物品凸显出来，并且还可以避免下次继续购买不必要的物品。整理的具体工作过程如图 8-1 所示。

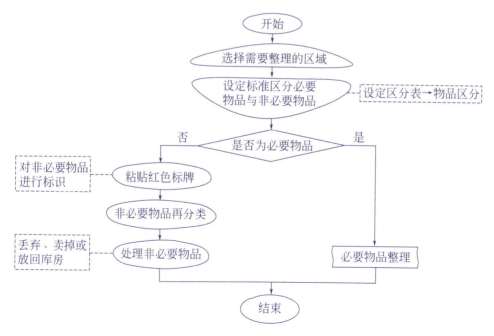

图 8-1 整理的工作过程

这堆非必要物品要不要丢呢?

将不要物品贴上红牌

8.2 为什么需要整理

在进行整理工作之前,员工首先需明白企业为什么要开展整理工作,整理工作会给企业带来什么样的好处。

企业需要对办公室、生产现场和仓库等场所进行整理,因为这样可以减少不必要的浪费,同时也可提高产品和工作的质量。

(1)不整理的话会不断产生浪费

堆放在柜子里的文件都已经被人遗忘,一些残余的物料、待修品和报废品等经常滞留在生产现场,这些物品既占用空间又阻碍工作。

员工在寻找工具箱里的工具时,由于不能立刻找到,浪费了很多的时间和精力。仓库大量的闲置物品,保管它们也将浪费大量的财力和人力,这些也都是浪费。

因此企业为了减少浪费,需安排人员对这些地方和物品进行整理,以便节省大家的时间精力,也留给员工更多的存放空间,更利于工作。

(2)减少误拿机会,提高产品质量

未经整理的工作现场,工具和物料杂乱无章的堆放,可能会造成误拿误放,给工作造成差错。通过整理,可以减少错误拿取工具和物料的概率,避免因拿取错误的物料或因拿取的工具不合适,导致产品不能被正确地生产,造成产品质量不合格等情况。

立刻就能找到

文件整理后,更节省查找时间,也有利于准确拿放

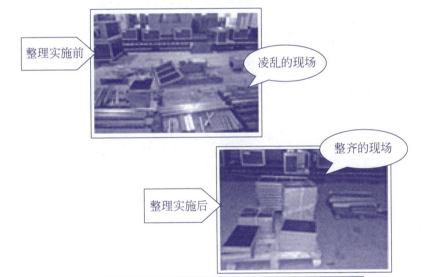

整理实施前

凌乱的现场

整齐的现场

整理实施后

整理后腾出更多空间,使现场物料一目了然

8.3 整理对象有哪些

因产品更新换代而不会再使用的工具或物料,放置在橱柜里不易被发现的工具和零部件,以及长期在库房不再使用的原材料等,都可以作为整理的对象。

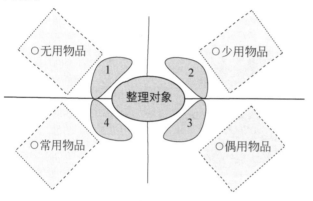

图 8-2 整理对象的分类

整理活动中,具体的整理对象按照使用的频率可划分为如图 8-2 所示的四类。

各类物品的具体说明如下所示。

① 无用物品。无用物品就是指不能使用的物品、不打算再使用的物品和长时间不再使用的物品。所谓不能使用的物品是指因损坏或故障不能再起作用的设备、工具和材料等物品。不打算再使用的物品是指如果用的话还能用,但是再也用不到的物品。长时间不再使用的物品是指 1 年以上时间都没有使用过的物品。

② 少用物品。少用物品是指在 2 个月到 1 年的时间内使用过 1 或几次的物品,即很少会使用的物品。

③ 偶用物品。偶用物品是指在 1 到 2 个月用过 1 次的物品,即偶尔会使用的物品。

④ 常用物品。常用物品是指每周或每天都会使用 1 次或数次的物品,即

经常使用的物品。

公司需定期对物品按类型进行整理,如果对这些物品置之不理的话,它们的数量只会越来越多,因此动手对其进行整理吧。

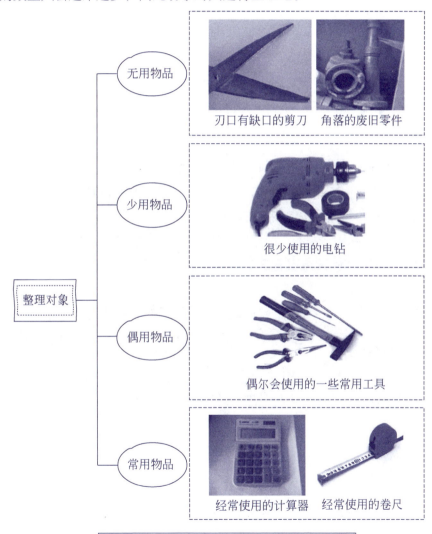

8.4 谁来负责整理工作

在整理工作对象确定之后，则需确定由谁来负责整理工作。由于公司需要进行整理的物品很多，为了高效完成整理工作，可以根据对象的不同分层次地确定相应的整理责任者。

（1）物品整理判定责任人

整理的物品由于是公司的资产，因此是否进行整理以及物品的具体处理方法都需要相关管理人员根据其权限来进行判定。

① 一般物品由所在区域员工提出整理建议，班组长进行判定。

② 零部件由班组长提出整理建议，车间主任进行判定。

③ 由于大的机械设备涉及面广、价值很高，普通的员工无权对其进行整理，因此通常由车间主任提出整理建议，总经理进行判定。

（2）非必需品处理人员

非必需品可以统一由 5S 推行委员会进行统一处理，也可以设计一个有效的流程，由各个部门对各类物品进行整理。

一般物品 → 提出整理意见 生产作业人员 → 判定 班组长

零部件 → 提出整理意见 班组长 → 判定 车间主任

机械设备 → 提出整理意见 车间主任 → 确定 总经理

5S推行专员——提出处理意见 → 非必需品 → 总经理——意见审批

8.5 打消什么都是宝的想法

企业在整理实施的过程中，很多员工可能会存在"这东西虽然没用，但舍不得扔掉""留着可能比较方便"等想法。为了使整理工作能够有效实施，员工需打消这种什么都是宝的想法，经常进行整理，该扔的就扔掉！员工需要打消的想法如下所述。

（1）打消第 1 种想法：这东西虽然没用，但舍不得扔掉

现场存在很多损坏的工具，办公室存在大量用过的纸张，这些没用的东西员工也舍不得扔掉，总觉得扔掉可惜，从而造成没用的物品占用了大量的空间。

（2）打消第 2 种想法：留着可能比较方便

在工作中一两个月才会使用的文件或工具，或半年也使用不到的文件或工具，员工也不舍得对其进行整理，总是要把这些文件或工具都留在身边，总觉得留着可能比较方便，造成工作场所文件或工具一大堆，要用的文件或工具却找不到。

（3）打消第 3 种想法：万一有用怎么办

某些物品很长时间都用不上了，有的员工在整理过程中还存在某种担心，觉得万一哪天要用怎么办。

（4）打消第 4 种想法：有总比没有好

工作现场的小零件、旧报纸甚至布条，哪怕几年都没用过，但有的员工

认为有总比没有好,舍不得扔。这样东西会越积越多,没用的东西占满整个工作场所,使环境脏乱不堪。

对于上述情况,管理人员一定要打消员工这些想法,让其不用担心,就算哪天用上,公司也会提供给他。

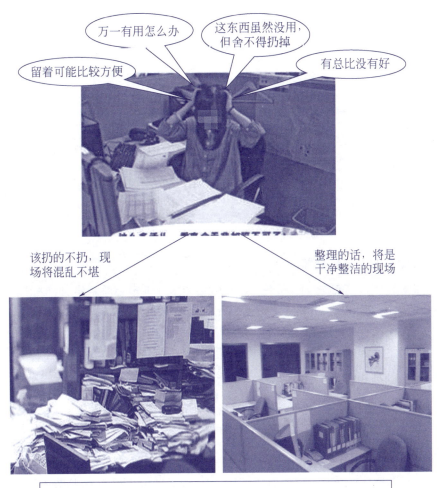

员工须打消这种什么都是宝的想法,经常进行整理,该扔的就扔掉

8.6 明确标准，有的放矢

对工作中使用的工具物品或生产现场的物料等进行分类整理，需按照既定的标准进行，这样才会避免产生分歧，因此企业需制定整理标准。

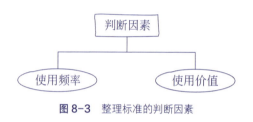

图 8-3 整理标准的判断因素

在制定整理标准的过程中，会发现对必需品和非必需品的判定和处理的标准，每个人都不一样，企业通常以图 8-3 所示的两个因素进行整理判断。

整理标准包括两部分：一是必需与非必需的判断标准；二是物品的处理标准。

（1）必需与非必需的判断标准

在整理工作实施之前，企业需对物品的必需与非必需制定判断标准，以便员工按照标准实施。必需与非必需的判断标准可根据物品的使用频率和使用价值来确定。

（2）物品的处理标准

企业在判断物品的基础上，还可根据各类物品的使用频率来确定他们的处理方法。如一支笔由于它每天、每周或者每个小时都可能被使用，因此为必需品，即需要的物品。

不同区域和岗位同类物品的使用频率不尽相同，对物品的判断需分区域、分岗位进行。物品整理标准具体可参照表 8-1。

表 8-1 物品整理标准

分类	序号	使用频率	细分	处理标准
非必需品	1	1年一次也不使用的物品	无用物品	废弃、变卖、改用或维修
非必需品	2	2个月到1年的时间内使用过1或几次的物品	少用物品	归返仓库或工具室
非必需品	3	在1到2个月内用过1次或数次的物品	偶用物品	集中放置在工作场所
必需品	4	每周使用1次或数次的物品	常用物品	放在工作范围附近
必需品	5	每天使用1次或数次的物品	常用物品	放在操作范围内或随身携带
必需品	6	每小时都会使用的物品		随身携带

超过一个月用到的物品要放到办公室集中存放的柜子内

桌面多余的物品要进行整理,只允许放置:
1. 每天需要使用的电脑显示器、电话
2. 当天工作需要用到的文件、水杯和台历

抽屉内放置的物品是一个月内肯定要用到的物品

8.7 现场物品，合理判定

企业在确定完必需品与非必需品的标准之后，需安排人员到现场进行物品的判定，挑出平常不常用的物品，即非必需品。非必需品诸如用剩的材料、多余的半成品、切下的料头、切屑、垃圾、废品、用完的工具、报废的设备、个人生活用品等，应坚决清理出现场。

判定一个物品是否有用时，有些东西很容易判定，如破烂不堪的座椅和损坏的工具，而有些则很难判断，如一些长期存放的零部件。

在对必需品和非必需品进行判定的过程中，大部分人会觉得太不好判定了，其实现场人员在掌握了判定标准和判定方法之后，就能很好地进行判定，具体方法如图8-4所示。

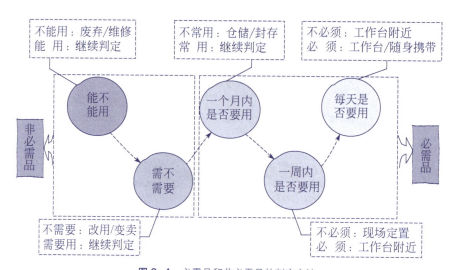

图8-4　必需品和非必需品的判定方法

8.8 寻宝活动，彻底整理

寻宝活动是指 5S 活动整理过程中，找出现场的无用物品，进行彻底整理的一种趣味化的活动。寻宝活动是专门针对各个场所里的死角、容易被人忽视的地方来进行的整理活动。

寻宝活动由于是趣味性活动，员工的参与度较高，可以使整理活动在短期内见效。但是需要注意的是寻宝活动并不追究责任，这样才能解除员工的顾虑，员工也更愿意参与。

（1）寻宝活动游戏规则

寻宝活动要顺利进行，首先要制定游戏规则，打消大家的顾虑，具体的规则如图 8-5 所示。

寻宝活动游戏规则
1. 只寻找无用物品，不追究责任
2. 找到越多的无用物品，奖励越高
3. 交叉互换区域寻宝，便于更多地发现无用物品
4. 有争议的物品，提交给5S推行办公室裁决
5. 对此重视的部门，给予其奖励

图 8-5　寻宝活动游戏规则

（2）寻宝活动实施

实施寻宝活动就是由各个部门按计划清理出对象物品，统一收集摆放到公司指定的场所。待物品集中之后，由 5S 推行办公室及时召集企业高层和部门管理人员，依据标准对其进行判定，从而确定物品的处理方法。依据判定的结果，指定相关部门实施处理，在处理过程中要做好必要的记录，如对寻宝区域整理责任人进行登记，具体可参照表 8-2 所示。

表 8-2　寻宝区域整理责任人登记表

整理区域	区域负责人	区域整理责任人
A 办公室		
B 办公室		
C 仓库		
D 仓库		
E 车间		
F 车间		

寻宝活动结束后，要对活动的结果进行必要的总结，按照事先约定的规则，选出优秀的部门和人员，并给予表彰和奖励。

1. 发现的物品不一定都是废弃的物品，所以，寻宝人员需要注意对物品进行保护，以免造成损失
2. 可用相机对处理前的物品进行拍照，以记录物品的状态

8.9 红牌作战,判定标识

红牌作战就是对整理工作的可视化,使企业内需要整理的物品一目了然。企业员工在进行整理的过程中,只要碰到不需要的物品就可以在上面贴上红色纸张,这样就会使整理的物品非常醒目,便于后续的工作。

(1) 红牌范例

所谓"红牌"就是红色纸张。红色纸张的大小需根据所粘贴的物品的大小与种类来制作,同时应具有一定的硬度和厚度,避免破损,其具体的范例如图8-6所示。

红牌编号:				
物品名称		数量		
物品类型	□ 原材料 □ 设备仪器 □ 其他:	□ 零部件 □ 工具	□ 半成品 □ 模具	□ 成品 □ 文件
不要原因	□ 永远不需要 □ 存储过量	□ 暂时不需要 □ 过时物品	□ 不合格品 □ 不清楚用处	□ 剩余物资 □ 其他
建议处理方法	□ 丢弃 □ 修复	□ 卖掉 □ 改用	□ 退回 □ 留在工作场所	□ 放回仓库 □ 其他:
张贴日期		执行日期		执行人员

图 8-6 红牌范例

(2) 红牌作战注意事项

红牌作战是将不常用、暂时不用、不能用、不知道怎么用或没用过的物品统统贴上红牌,张贴时的注意事项如下所示。

① 不要让现场的员工自己贴红牌。
② 红牌要贴在引人注目的地方。
③ 对于有疑问的物品，先贴上红牌。
④ 对需要改善的地方必须贴红牌。
⑤ 要集中贴红牌，时间跨度不可太长。
⑥ 对于贴了红牌的物品，相关人员需将其集中在一起，然后根据物品整理判定标准，判定是否需要。

当无法清楚地判定某一特定物品是需要还是不需要时，要对其贴上红牌后，由5S推行办公室进行判定

红牌需粘贴在醒目位置

贴了红牌之后的工作非常重要，如果光贴红牌不采取任何行动的话，不仅毫无意义，连红牌本身都是浪费

8.10 非必需品,分类处理

公司需根据红牌作战结果,对非必需品集中起来进行分类处理。非必需品的处理方法如下所示。

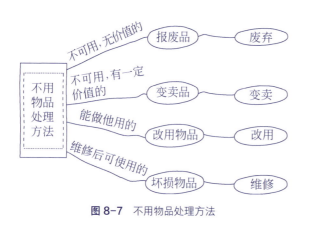

图 8-7　不用物品处理方法

(1) 不用物品

在非必需品的处理过程中,对于根本无法使用的或一年也用不上一次的物品,可进一步分为报废品、变卖品、改用物品、坏损物品,因此可做废弃、变卖、改用和维修等处理。具体的处理方法如图 8-7 所示。

(2) 不常用物品

对于不常用的物品,由于偶尔还会使用,有一定的使用价值,因此企业可将其归返仓库或工具室,或在工作现场进行集中摆放。

(3) 未确定具体处理方法的物品

对于贴了红牌的物品,能够进行处理的,直接挑出来进行处理即可。但是其中有些物品虽然张贴了红牌,但是还没有决定具体处理方法,可将其转移到临时放置架上或临时放置点处,如果过了一个月还没有被使用过,则到时候便可作为不用物品进行处理。

非必需品进行分类处理

8.11 设定废弃物品存放处

生产人员在进行现场的清理时,总是被"该不该丢弃""丢掉了但是以后能用到怎么办"这样的问题困扰,因此员工对于整理出的物品总是舍不得丢掉,从而使得现场物品堆积,混乱不堪。

企业管理人员设计废弃物品存放处之后,就可以对员工解释说只需要留下常用的物品,不常用的物品统一放到废弃物品存放处,不需要考虑这些物品是该丢弃还是该维修或者是变卖,企业将统一安排专人来对这些物品进行处理。通过这样的设计,员工将很乐意将其不常用的物品放到废弃物品存放处。

对于废弃物品存放处的整理,企业通常安排 5S 推行人员对其进行处理,5S 推行人员将其进行分类后,提出相应的整理意见,交由专门的负责人进行审批。具体的审批人员如图 8-8 所示。

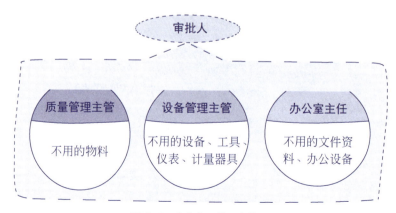

图 8-8　废弃物品处理审批人

废弃物品存放处

> 设置废弃物品存放处，将现场用不到的物品集中存放于此

> 企业需指派专人对废弃物品存放处进行管理

废弃物品存放处管理要点

1. 企业必须设废弃物品存放处，并设置在固定位置，以便进行统一处理
2. 生产和工作过程中的废弃物品应及时清理，存放于指定的废弃物品存放处，不得乱扔乱放
3. 废弃物品存放处时不得对环境造成污染
4. 废弃物品存放处每天应按标准对其进行清洗或消毒

8.12 一半一半,合理丢弃

对于贴上红牌马上需要进行废弃处理的,或者放在临时存放处,过了一个月最终还是需要丢弃的物品,很多人存在不舍得丢弃的心理,认为留着可能会有用。如果员工舍不得立刻全部进行丢弃的话,可将其一半一半地进行丢弃,这样员工会更容易接受。

一半一半丢弃并不是指把物品按数量精确地分为两份,只是一个概念而已。即先试着扔一半(或者三分之一),这样丢弃的难度会降低,之后的丢弃工作就容易进行下去了。

一半一半丢弃的话,员工不容易产生抵触感,习惯之后就会有勇气做到不断丢弃无用之物(要注意做好垃圾分类)。

丢弃更容易实施的秘诀
1. 整理出的物品一半一半丢弃,员工更容易接受
2. 员工丢弃时,先丢自己最想丢的物品
3. 一半一半丢弃的话,后面的丢弃工作更容易实施

|8.13|
反复进行，定期整理

物品、工具和材料等现在能用到的，半年或一年后不一定还能有用，产品的更新换代也会产生很多不用的零部件和工器具，材料、票据等超过了使用期限也会成为无用品。因此工作场所随着时间的推移，不需要的物品还是会再次出现，所以整理工作不是一次即可，需要反复进行。

由于员工工作都很忙，很难有时间进行整理，因此公司需设定固定的整理时间进行定期整理，以便及时进行物品的整理和不用物品的处理。

通常设定的固定整理时间可分为每日整理时间、每月整理时间等。通常每日整理工作设在上班前或下班后的规定时间内进行。每月的整理工作通常由各部门组织进行，由各部门主管进行检查。年底的整理由上级领导统一设定一个固定日期，一般为年底，全公司进行整个区域的整理。各区域的整理工作通常由工作所在区域的工作人员进行。

每日整理 —— 每天下班后或上班前需对工作场所进行日常整理

定期整理 —— 每月或每年底，企业需组织进行定期整理

只有进行每日整理、定期整理才能使整理工作坚持下去如整理工作不坚持下去，那么偶尔一次的整理将毫无意义

实用工具6　物品整理判定标准表

物品名称	型号	判定标准	处理标准	负责人

实用工具7　无用物品分类处理表

序号	物品名称	物品型号	使用地点	用途	保管地点	保管期限	处理判定	处理日期	签名

实用工具 8　废弃物品处理清单

物品名称	型号规格	数量	处理方法	原因	责任部门意见	主管经理处理意见

实用工具 9　整理标准表

物品分类	物品名称型号	整理标准	最后使用 年 月 日	保管地点	类型判断	处理判断	判断人员	判断理由
工具夹具								
机器设备								
作业台								
在制品								
产品								
工作桌椅								
不良品								
包装材料								
……								

实用工具10　整理检查表

序号	检查项目	等级	得分	检查状况
1	通道状况	一级（差）	0	堆放了很多物品，且脏乱
		二级（较差）	1	虽能通行，但要避开，推车不能通行
		三级（合格）	2	摆放的物品超出通道
		四级（良好）	3	超出通道，但有警示牌
		五级（优秀）	4	很畅通，又整洁
2	工作场所	一级（差）	0	一个月以上未用的物品杂乱放着
		二级（较差）	1	角落放置不必要的东西
		三级（合格）	2	有半个月以后要用的物品，且杂乱
		四级（良好）	3	放置有一周内要用的物品，且整理好
		五级（优秀）	4	放置有3日内使用的物品，且整理好
3	工作台	一级（差）	0	不使用的物品杂乱放置
		二级（较差）	1	半个月才用一次的物品也有放置
		三级（合格）	2	放置有一周内要用的物品，但过量
		四级（良好）	3	放置有当日使用的物品，但杂乱
		五级（优秀）	4	桌面及抽屉内均放置最低限度物品，且整齐
4	料架状况	一级（差）	0	杂乱存放不使用的物品
		二级（较差）	1	料架破旧，缺乏整理
		三级（合格）	2	摆放不使用的物品，但不整齐
		四级（良好）	3	料架上的物品整齐摆放
		五级（优秀）	4	摆放为近日要用的物品，很整齐
5	仓库	一级（差）	0	塞满物品，人不易行走
		二级（较差）	1	物品杂乱摆放
		三级（合格）	2	有定位规定，但没被严格执行
		四级（良好）	3	有定位也在管理状态，但进出不方便
		五级（优秀）	4	有定位也在管理状态，进出也方便

第 9 章

第 2 个 S：
整顿

9.1 什么是整顿

整顿,就是要对每个清理出来的有用的物品、工具、材料、电子文件,有序地进行标识和区分,按照工作空间以及工作的实际需要进行合理布局,并且摆放在伸手可及、醒目的地方,以保证随用随取。

通过整顿可使所有人能立即找到所需要的东西,减少寻找时间上的浪费。整顿的具体工作流程如图 9-1 所示。

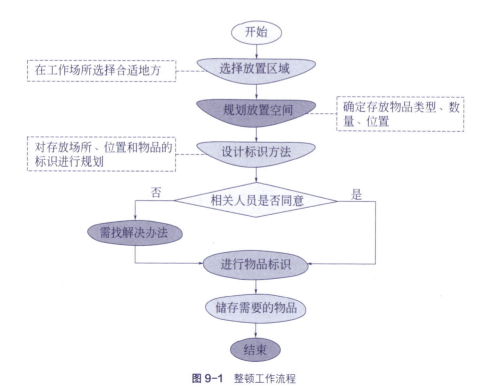

图 9-1 整顿工作流程

9.2 为什么需要整顿

工作中往往会出现这样的情况,设备出现故障维修人员花费了 30 分钟找到维修需要的零部件及工具,而维修却只用了 5 分钟。为什么会发生这样的事情?

① 没有定好物品的放置位置,不知道物品在哪。
② 没有规定该位置放置物品的种类、数量,造成物品过多。
③ 尽管选定好了放置位置,确定好了存放数量,但没对其进行标识。
④ 有人使用之后不归返到指定位置。

因此为了避免上述情况的发生,企业需对工作场所进行合理的整顿,消除寻找物品时的时间浪费。物品在整顿之后,需要达到图 9-2 所示的几点要求。

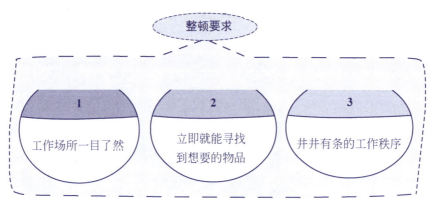

图 9-2　整顿要求

9.3 表面整顿，不是整顿

很多时候，企业领导组织进行工作现场的整顿工作，员工只是对表面进行了清理和整顿，把不要的东西乱七八糟地就放在柜子里锁起来。从表面看起来已经进行了整顿工作，而当员工打开柜门时，里面却是一片狼藉，这样的整顿不是真正的整顿。

企业要实施真正的整顿工作，需要将能看得见的表面和看不见的柜内都进行整顿和检查，这样才可以避免存在隐藏的角落。而对整顿工作进行检查的人员也需要对现场进行全面检查，绝不放过可以隐藏物品的任何角落。

为了避免员工只是进行表面整顿，而不进行真正整顿的情况，企业可在现场采用无门的货架和橱柜，尤其那些笨重的铁皮柜应该尽可能地清除出去，实在要用时，门也应该尽量使用玻璃门。因为门既会阻挡视线，延长寻找的时间，从而影响员工的工作效率。同时，门还会隐藏那些脏乱的东西，员工眼不见心不烦，也就不愿去整顿，而5S检查时脏乱不可避免地暴露出来，使其狼狈不堪。

第9章 第2个S：整顿

表面的整顿不是真正的整顿，对于现场改善没有意义

表面整顿

打开柜门会发现，整顿还没有做到位

真正整顿

柜门采用玻璃门，使柜内一目了然

文件用统一的文件盒，干净、整洁、有序

9.4 现场区域，规划画线

企业为了使工作场所的物品能有放置的空间，并且能够对其进行准确的放置，企业需对工作场所进行区域的规划和准确的定位。

工作场所通常分为仓库、办公区和生产现场等区域。仓库根据存放物品的不同也可按物品类型进行区域的划分，办公区则根据管理部门设置不同的区域，而生产现场则在保持工艺布局不变的前提下，划分为作业区、合格品区、不合格品区等。

除了对总体区域进行规划之外，还需对消防设备存放区域、清洁工具存放区域等进行规划，以便进行定位。

区域划分完成之后，企业管理人员需对规划出的现场进行画线定位，从而确定物品的放置空间或位置。常用的画线定位的标准如表 9-1 所示。

表 9-1 常用的定位画线标准

区域	画线项目	画线颜色	线宽
仓库	仓库主通道	黄色	100mm
	仓库辅助通道	黄色	50mm
生产现场	生产现场主通道	黄色	100mm
	生产现场一般通道	黄色	50mm
	作业区	绿色	50mm
	半成品区、成品区	黄色	50mm
	不合格品区、废品区	红色	50mm
	工装架、周转车停放区	黄色虚线	50mm
其他区域	设备、消防设施存放区	黄黑虎纹线	50mm
	警告警示、危险区域	红色	50mm
	清扫工具存放区	黄色	50mm
	小物品定位线	黄色	25mm
	桌面物品定位线	黄色	10mm

第9章 第2个S：整顿

根据区域规划图，进行区域的画线定位

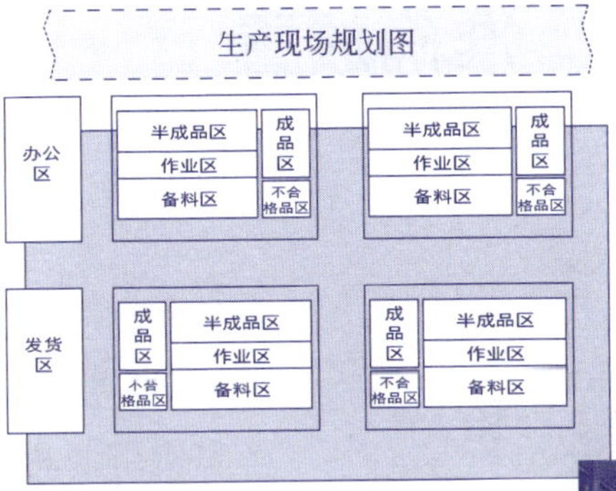

生产现场规划图

办公区	半成品区 / 作业区 / 备料区	成品区 / 不合格品区	半成品区 / 作业区 / 备料区	成品区 / 不合格品区
发货区	成品区 / 不合格品区	半成品区 / 作业区 / 备料区	成品区 / 不合格品区	半成品区 / 作业区 / 备料区

根据生产现场规划图，进行画线定位

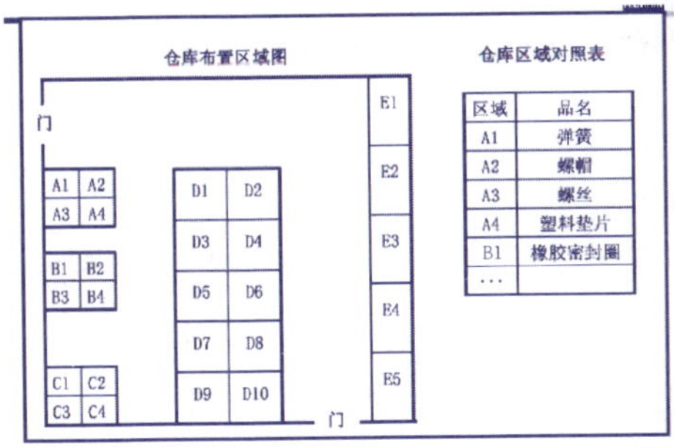

仓库布置区域图

仓库区域对照表

区域	品名
A1	弹簧
A2	螺帽
A3	螺丝
A4	塑料垫片
B1	橡胶密封圈
...	

根据仓库布置区域图，进行画线定位

应采用标准颜色的线条，画线区分不同物品的放置位置

9.5 物品定位,准确放置

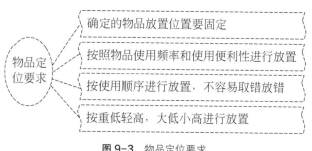

图9-3 物品定位要求

物品进行定位时,可根据物品的使用频率和使用便利性等决定物品的放置位置。定位的具体要求如图9-3所示。

通过物品定位,就可确定物品具体的存放地点,确保使用方便,使员工到固定的位置就一定能够找到相应的物品。下面对各类物品的定位方法进行说明。

① 设备和作业台的定位。工作区域内的设备和作业台通常依据物品的形状,用线条框起来,或者只定位物体的关键部位。

② 工具、夹具、量具、文件的定位。工作过程中经常使用的物品通常存放在各式各样的柜、台或架上,使用的时候可以从存放处取出,使用完毕后放回原处。常用的定位方法为行迹管理法,就是依据物品的形状画出外轮廓,对其进行定位,便于取用和归位。

③ 原材料、半成品和成品的定位。仓库和生产现场中的此类物品,通常都是对其划分区域,并设置物料架,然后将其分类摆放。摆放时要做到先进先出,保持整齐,物品的边缘线要与区域线平行或垂直。

9.6 确定数量，适量存放

表 9-2 物品定量标准

定量标准	示例	说明
无水准	○○○○ ○○○○ ○○○○ ●●●●	状态不明确，容易造成拿取错误
初级水准	○○○○ ○○○○ ●●●●	整齐排列，便于对物品进行确认
中级水准	○○○○○ ○○○○○ ●●●●●	通过标识，使物品摆放数量、区域一目了然
高级水准	○○○○○ ——最小库存 ○○○○○ ●●●●● ——最大库存	通过标识和提示，使物品的数量和如何使用以及方法更加清楚

定量是指确定物品的摆放数量，通过定量可使摆放的物品让人一眼就能看出是多少，不是大概的数目，而是清楚明确的。企业对物品定量时，需要达到如表 9-2 所示的标准。

生产现场物品的存放数量，一般根据员工平时单位工作时间内所需要的物品数量以及传递到员工手中所需要的时间来确定。仓库的存放数量通常根据从订货到货品到库的时间以及每日需求量来确定。

企业确定了日常的存放量之后还需确定最大库存量和最小库存量，最小库存量通常为安全库存量，最大库存量为确定的日常存放数量加上安全库存量。在确定物品存放数量时，还需考虑存放场所面积、物品大小和物料架的大小等因素。

企业确定物品存放数量之后，还需对存放数量进行清楚的标识，明示最大库存量和最小库存量。标识时通常采用标签进行标注，因为标签比数字更美观，采用数字进行时，需使标识的数字清楚明了，让人一看就知道是什么意思。

通过定量管理，员工可对物品进行定量的使用和管理，避免造成物品的浪费。

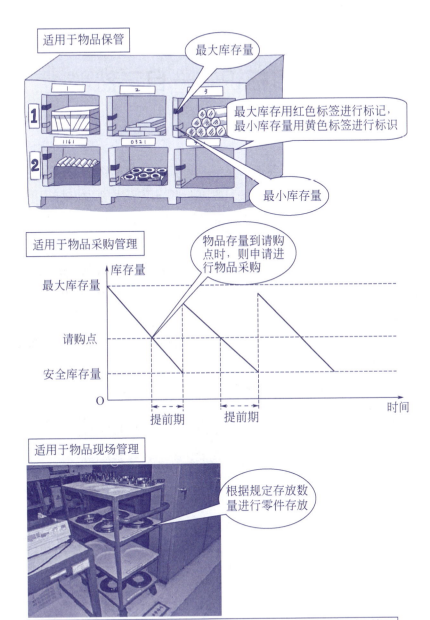

9.7 醒目标识，一目了然

无论是办公室还是生产现场，企业都可采取简单易懂的方法，对现场进行标识，使大家都一目了然。在进行现场标识前，企业要做好标识的统一规定，以免发生问题重新再做，浪费大量时间、精力和金钱。

在对地面放置区域进行标识时，务必写清楚区域的名称和编号，以便取用目的物时，一看即知所放位置。现场货架标识说明了放在货架上的具体是什么物品，因此务必将物品的名称或编号标明清楚，以便使用后再还回原处。放置的物品本身，亦应有标识，如某物品属于工夹具，即将相应的编号写在该工夹具上，这是为确保放置在货架上的目的物，即是使用者想取用时所需要的东西。

现场标识的具体项目如图9-4所示。

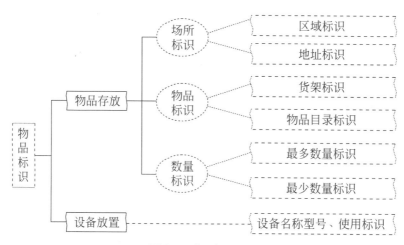

图9-4　物品标识项目

第 9 章　第 2 个 S：整顿

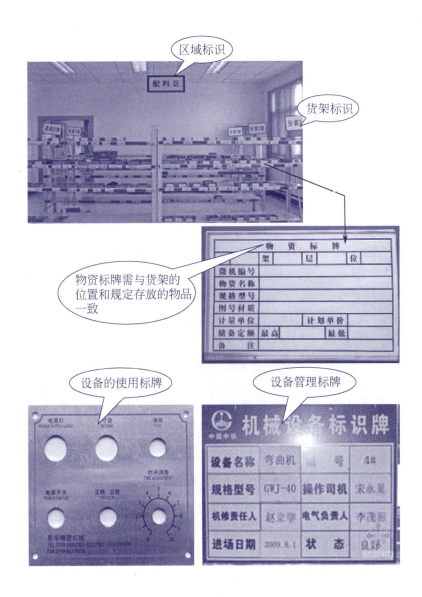

9.8 整齐放置,克服杂乱

整顿阶段的核心,就是将各种物品摆放整齐并且明确标识,这样才能够有效克服杂乱,并且能提升管理效率、降低安全隐患。

整理阶段已经将不需要的物品进行了清理,只留下必要的物品,这些物品如果在放置的时候不加以注意,还是会将现场弄得十分杂乱,使得工作失去头绪。

企业在现场可以采用行迹管理等方法,运用合理的包装、运输工具,缩短搬运和存放时间,站在员工的角度思考如何容易放置整齐,而不能一味地强迫要求员工,否则久而久之,员工一定不能长期遵守,而且还会形成"上午放、下午乱"的怪现象。

要放置整齐、克服杂乱,首先应将寻找取放方便的方法作为整顿改善工作的重点,让员工养成整齐放置的好习惯,要达到这样的目的,需做到 5 点,如图 9-5 所示。

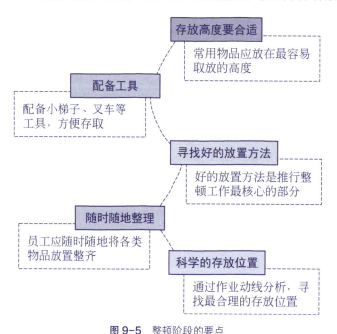

图 9-5 整顿阶段的要点

> 在改善前，不合格品的放置无规则，没有标准的盛放器具，并且放置需要作业人员弯腰，所以标贴及放置较为杂乱

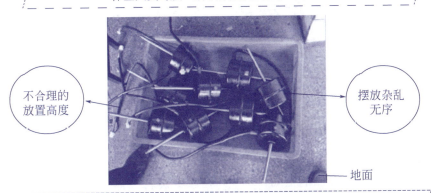

- 不合理的放置高度
- 摆放杂乱无序
- 地面

> 采取了标准标贴的方式，制作了标准的盛放区，改善了存放的高度，并且对岗位员工明确了摆放要求，使得现场不合格品的摆放得到了改善

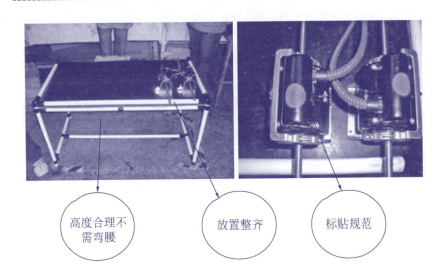

- 高度合理不需弯腰
- 放置整齐
- 标贴规范

9.9 立体存放，节约空间

随着企业的发展，企业内的物品会越积越多，存放空间变得很紧张。而工作现场的零件、工具等物品，平常都平铺放在货架上或工具箱中，占用了很大的面积，而整个立体空间的使用却很少。

为了节约物品存储的空间，企业可对物品进行立体存放。企业通过立体存放，不仅可以充分利用空间，还可以方便整理和整顿。

对于大型仓库的立体存放通常采用高层货架以货箱或托盘储存货物。除了大型仓库之外，企业也可采取适当的方法对货架上的小物品进行合理的立体存放，这样既不用很大的投入，也可以获得不错的效果。

企业在对物品进行立体存放时，既要考虑拿取方便，还要考虑货架的承受能力以及改变存放所需的成本花费。

自行车立体存放

只想发挥想象，很多东西都可以立体存放

仓库的立体存放

轮胎立体存放既便于拿取，又节省了空间

小零件立体存放

货架内物品也可进行立体存放

立体存放要便于员工拿取，避免延长工作时间
在对重物进行立体存放时，需考虑货架是否能够承受

9.10 作业现场，目视管理

为了使各种管理状态、管理方法清楚明了，达到一目了然，企业可对作业现场进行目视管理。企业进行目视管理可将人员（Manpower）、机器（Machines）、材料（Materials）、方法（Methods）及测量（Measurements），即任何与 5M 有关的问题进行可视化。

在目视管理中，一般用信号灯、图表、管理板、标示牌、各种颜色纸/带/油漆等常用的工具进行。企业进行目视管理，需满足以下要求。

（1）物品管理

日常目视工作中，企业需要对工夹具、计量仪器、备用零件、材料、在制品、完成品等各种各样的物品进行品类、数量和存放位置的标识，从而实现可视化。

（2）设备管理

企业可通过管道、阀门的颜色标识管理，清楚明了地表示应该进行维持保养的机械设备部位，在马达、泵上使用温度感应标贴或温度感应油漆迅速发现发热异常，用信号灯来表示设备的运转异常等，对设备进行目视管理。

（3）作业管理

对作业管理也可进行可视化，如通过生产管理等各类看板对生产质量和生产效率等进行管理，通过流程图和操作标准、错误示范等对作业方法等进行示范。

(4) 人员管理

人员管理可通过组织结构图、员工考勤表等进行可视化管理，在作业现场的公布栏张贴公告，标明谁已接受过何种工作训练，谁还需要再施以其他的训练，以进行员工培训管理。

部分图片示例如下。

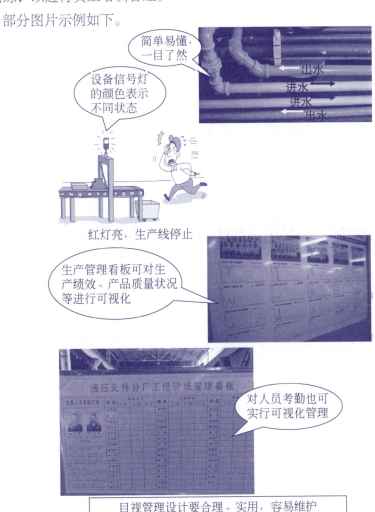

9.11 及时归位，摆放整齐

工作现场经常出现这样的情况，即工具物品随用、随放，不归还到原处，造成下次使用找不到；或是扫帚等工具用完后，虽然放回原处，却不摆放整齐，随意放置，造成放置场所又脏又乱。

为了确保工具能够随时取用，企业应要求员工对使用的物品及时归返放置地点，并将归返的工具摆放整齐，这样才能将整顿定位工作坚持下去。

为了确保员工使用工具后及时存放，可在拿取工具物品的地方，粘贴标语提醒员工要及时将工具归还。对于借用此工具、物品的员工，还需要在借用工具摆放处张贴上借用物品的标签，标签上标明谁借用的工具物品以及大概的归返时间，以便下次使用的人员能够了解工具的借用情况，同时对于借用人员而言，这也是一种督促其及时归还的手段。

为了保证员工摆放整齐使用的工具，需对每样工具确定准确的存放地点和存放方式，然后对工具物品等的存放地点和方式进行清楚的标识，使员工在归还时，能够一目了然。

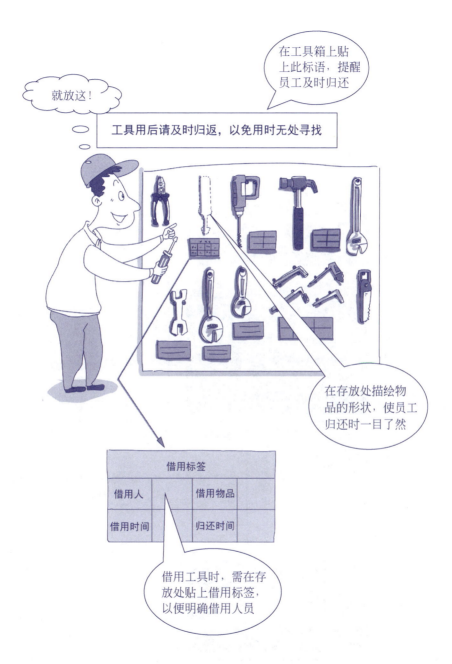

实用工具 11　可视化方法一览表

名称	图示	运用说明
看板		让别人一看就知道在什么地方、有什么东西、有多少数量的表示板 看板强调透视化、公开化
信号灯		生产现场发生异常时，用于通知管理人员或监督者的工具 信号灯的种类包括发音信号灯、异常信号灯、运转指示灯、进度灯等
告示板	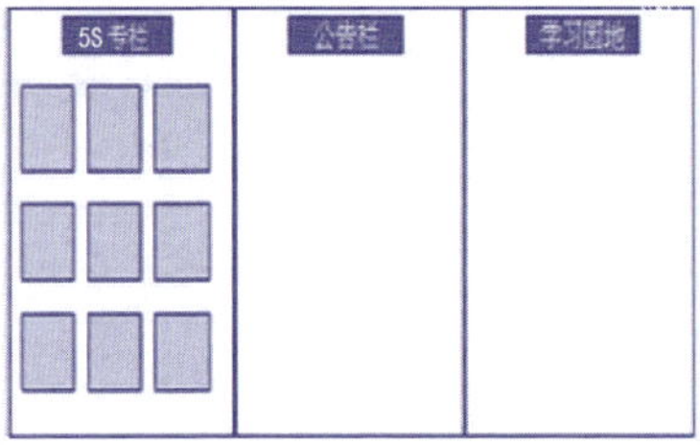	告示板是一种及时管理的工具，也是一种告示
生产管理板	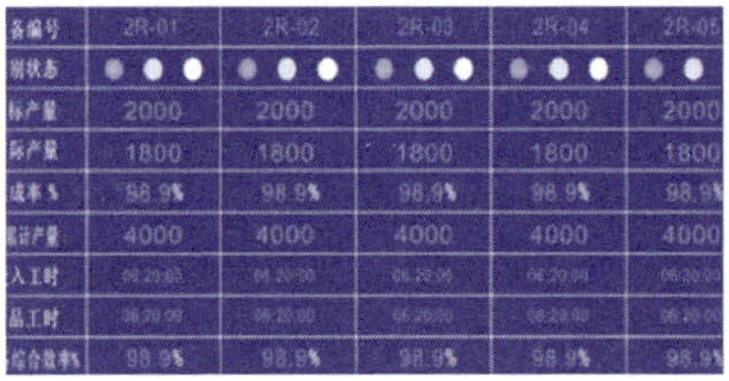	生产管理板是表示生产线上生产情况的表示板，在板上填写生产实绩、工作改善、设备开动率、停止原因等

续表

名称	图示	运用说明
流程图	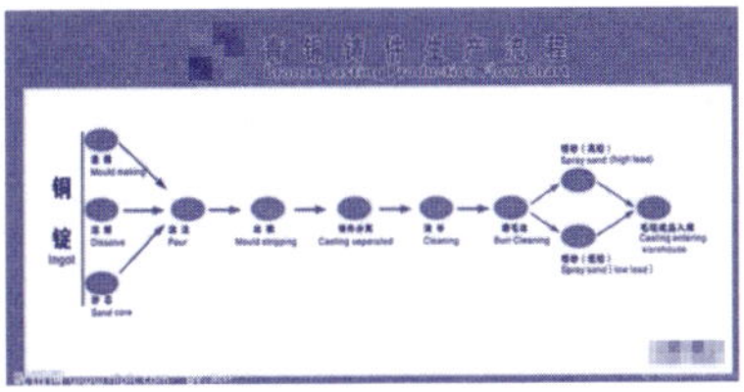	流程图是描述工序重点和作业顺序的简明指示书,用于指导生产作业,对于复杂的工序,一定要有流程图
作业标准表	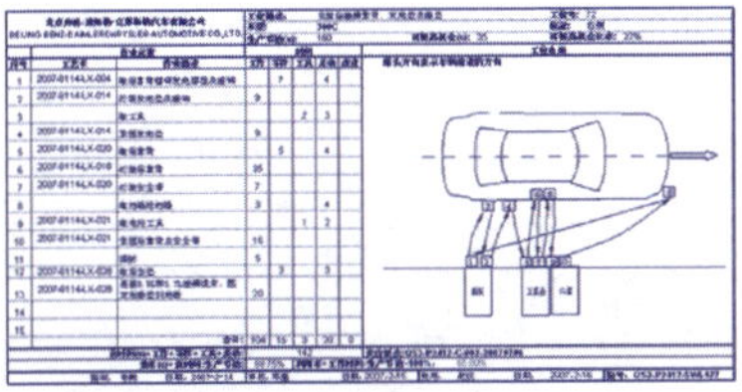	作业标准表是对作业方法进行详细说明的表格
错误示范	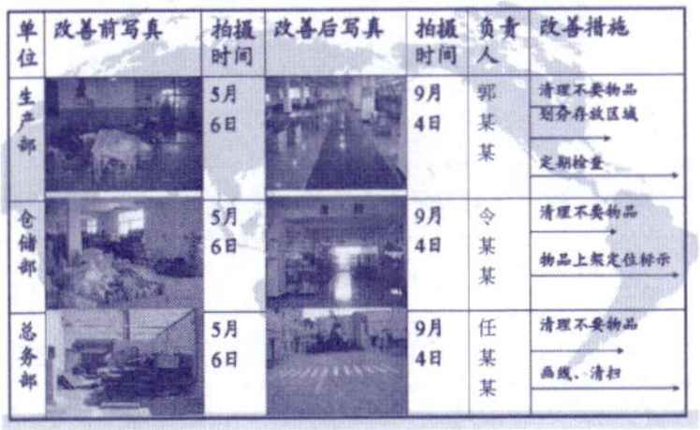	反面教材,让现场的作业人员了解错误操作和不合格品的标准 一般放在人多且显著的位置,让人一目了然,避免违规操作

实用工具 12 整顿工作检查表

序号	检查项目	等级	得分	检查状况
1	设备、仪器	一级（差）	0	破损不堪，不能使用，杂乱放置
		二级（较差）	1	不能使用的集中在一起
		三级（合格）	2	能使用，但杂乱
		四级（良好）	3	能使用，有保养，但不整齐
		五级（优秀）	4	摆放整齐、干净，处于最佳状态
2	工具	一级（差）	0	不能使用的工具杂乱堆放
		二级（较差）	1	勉强可用的工具多
		三级（合格）	2	均为可用工具，缺乏保养
		四级（良好）	3	工具有保养，有定位放置
		五级（优秀）	4	工具采用目视管理
3	产品	一级（差）	0	不合格与合格品杂放在一起
		二级（较差）	1	不合格品虽没及时处理，但有区分及标识
		三级（合格）	2	只有合格品，但保管方法不好
		四级（良好）	3	保管有定位标示
		五级（优秀）	4	保管有定位，有图示，任何人均很清楚
4	工艺文件、图纸等	一级（差）	0	过期与使用中的杂放在一起
		二级（较差）	1	不是最新的，且随意摆放
		三级（合格）	2	是最新的，且随意摆放
		四级（良好）	3	有卷宗夹保管，但无次序
		五级（优秀）	4	有目录、有次序，且整齐，任何人能很快使用
5	文件档案	一级（差）	0	零乱摆放，使用时没法找
		二级（较差）	1	虽显零乱，但可以找得着
		三级（合格）	2	共同文件被定位，集中保管
		四级（良好）	3	用机器处理且容易检索
		五级（优秀）	4	明确定位，使用目视管理，任何人能随时使用
合 计				

第 10 章

第 3 个 S：
清扫

10.1 什么是清扫

清扫是指将办公场所和生产现场的工作环境打扫干净,将设备保养完好,使其保持在无垃圾、无灰尘、无脏污、干净整洁的状态,并防止污染的发生。

工作中我们会产生不少的灰尘、油污、垃圾等,使现场脏乱不堪,而且脏的工具设备其精度也会下降,影响产品质量,且故障多发,使安全事故防不胜防。因此,为了创造一个干净、舒畅的工作环境,保证安全、愉快、高效率的工作,企业必须实施清扫工作。清扫工作的具体流程如图10-1所示。

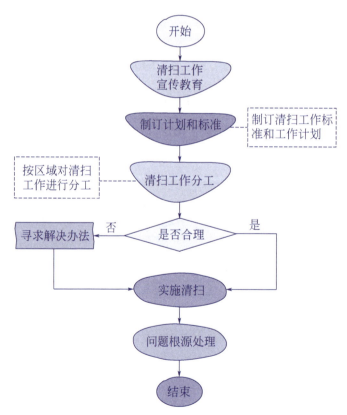

图 10-1 清扫工作流程

第10章 第3个S：清扫

未清扫的工作场所，会使安全事故防不胜防

地面有油或污物使人滑倒

使用损坏的工具时致人受伤

环境设备，清扫干净

清扫工作不放过任何角落
清扫时，必须确保自身安全后再进行

10.2 清扫对象是什么

员工进行清扫之前，需明确具体的清扫对象，通常企业内的每个地方、每个物品都是清扫对象。

清扫对象按照清扫场所进行划分，主要包括办公室、会议室、接待室、生产现场、卫生间、楼道、周边花园等，而对各个场所进行细分又可分为空间区域、物品存放区域和设施设备等。

空间区域包括地面、墙壁、门窗、天花板、灯具等，这些地方容易藏污纳垢，因此需对每一个角落都进行彻底清扫。物品存放区域包括原材料存放区域、作业区域、半成品存放区域、工具货架存放区域等。设施设备包括所有的生产设备、夹具、货架、作业台、文件柜、桌椅、衣柜、装载工具等。

员工在对各个清扫对象进行清扫时，需彻底清扫掉灰尘、垃圾、油渍等各种各样的污渍，确保其干净整洁。

各个区域场所能够看见的地方和物品都是清扫的对象

清扫干净办公场所，创造一个干净的工作环境

办公场所

无污渍、无痕迹

清扫干净生产设备，可使生产的产品也干净

墙面窗户

生产现场

无灰尘、无痕迹，洁净如新

无垃圾、无污渍

天花板、灯具

地面清扫

对地面、墙面、窗户、天花板、灯具等的清扫，需以白布擦拭后都不会脏为清扫目标
各个清扫对象，需要清扫擦拭至少三遍，确保清扫干净

10.3
清扫干净，心情大好

在生活中，大家都喜欢在干净的办公室工作，工作起来心情也更好。这好比就餐时，在干净的餐厅就餐心情会比在脏乱的餐厅就餐心情更好，所以在选择就餐饭店时，人们也都会选择干净整洁的餐厅，而不会选择杂乱无章、垃圾一片的餐厅。

为了使员工和客户都心情愉悦，企业需要清扫工作场所，保持工作场所的干净清洁、没有垃圾和灰尘，因为在干净整洁的现场生产出来的产品，才能令客户放心，客户也才会选择该企业进行产品生产。

客户明白干净整洁的现场是很难生产出不合格产品的，因为干净整洁的工作场所意味着良好的管理水平。

无论是办公室还是生产现场，无论是地面、墙面还是工具设备，清扫都是必须进行的工作。如果不进行清扫，工作环境就会恶化，卫生状况就得不到保障，甚至给客户留下不良的印象而导致订单被取消。而设备保养不及时，也会造成生产效率降低，生产成本提高，从而降低企业的竞争实力。

第10章 第3个S：清扫

杂乱无章的现场会给客户留下不良印象，可能导致订单被取消

物料管理成垃圾堆！这样的管理水平，哪能生产出好的产品呢？我还是到别家去吧！

干净整洁的现场可让客户心情舒畅，满意放心

这么干净整洁的生产现场，我还考虑什么，下单吧！

10.4 清扫教育，明确方法

很多人觉得清扫教育工作并不重要，既耽误工作，又没实际作用，但是企业只有有效地实施清扫教育，才能避免清扫工作不到位，预防安全事故的发生。

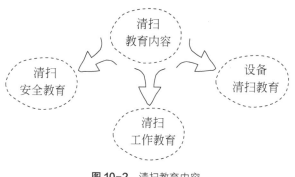

图 10-2　清扫教育内容

企业在实施清扫教育时主要包括三项内容，具体如图 10-2 所示。

对清扫的工作人员进行安全教育，是对清扫工作中可能发生的事故进行预防和警示。如果不进行安全教育可能发生安全事故，可能发生的安全事故包括触电、碰伤摔伤、洗涤剂腐蚀、尘埃入眼、坠落砸伤、灼伤等。

清扫工作实施前，需进行各区域的清扫工作教育，以便让所有清扫实施人员明确清扫的标准、要求、方法和注意事项，以便顺利实施清扫工作。

对于大型的设备，企业需对员工进行设备清扫教育，使员工了解如何减缓设备老化、避免故障出现及降低相应损失。同时通过对员工有关设备基本构造的教育，使员工了解设备工作原理，并能够对尘垢、漏油、漏气、震动等状况出现的原因进行分析。

如不提前进行清扫安全教育，清扫人员可能在清扫的过程中发生安全事故

为了避免出现安全事故，企业需对员工进行安全教育

除了安全教育，还需要对员工进行设备清扫教育和清扫工作教育

10.5 确定目标,制定标准

很多企业要求员工将工作场所清扫干净,却没有清扫标准和清扫目标,造成这样一种情况:有的员工要求高并且也更负责任,则清扫的区域非常干净,有的员工敷衍了事,觉得清扫得差不多就行了,则清扫区域干净程度一般。

为什么会出现这样的情况呢?就是因为企业没有制定统一的清扫标准和清扫目标。为此,企业可以向肯德基这类的企业学习,制定清扫标准和清扫目标,张贴在清扫区域,从而规范员工的清扫行为,创造一个干净整洁的工作场所。

清扫标准包括由谁来清扫、何时清扫、怎么清扫、清扫什么和用什么工具清扫,而清扫目标即要清扫到什么样的程度。清扫目标和标准如图10-3所示。

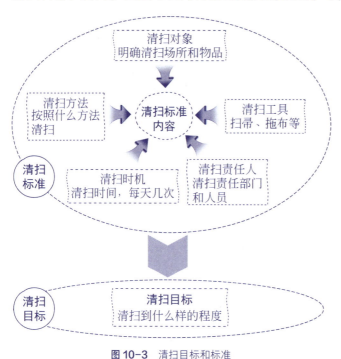

图10-3 清扫目标和标准

10.6 清扫工作,明确分工

对于清扫工作,企业可请专门的清洁人员进行清扫,也可由公司人员自己负责。一般来说,员工自己的工作区域由自己进行清扫,对于食堂、卫生间、过道等公共区域可轮流进行清扫或请专人进行清扫。但是无论采取何种清扫方式,企业都需要对工作区域进行清扫分工,以便确定责任人,从而避免出现无人清理的情况。

企业对清扫工作进行区域分工,即是对工作场所进行区域划分,实行区域清扫责任制,责任到人,具体的实施方法如图10-4所示。

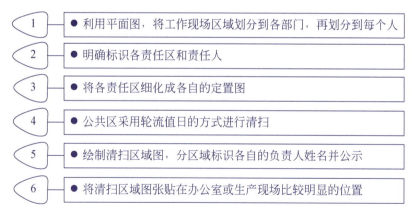

图10-4 清扫分工实施办法

企业通过实施清扫区域分工,可使每个区域都有责任人,每个责任人都有责任区。明确责任人之后,员工将更具有责任感,领导在进行清扫工作检查发现脏乱差时,也可以立刻找到责任人。

在工作现场公布栏内，张贴员工的清扫区域责任图

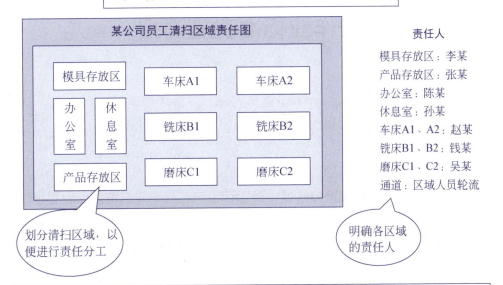

将各个员工的清扫责任区域标签，张贴在员工责任区域内，标签上需标明清扫责任人等信息

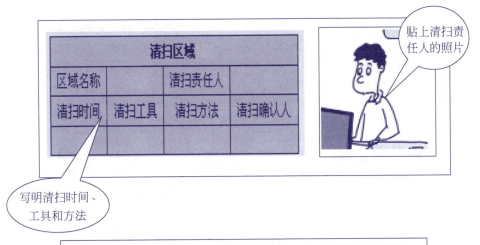

需要注意的是清扫工作必须做到责任到人，但也需要做到互相帮助

10.7 按作业标准实施清扫

在清扫作业标准确定之后，员工需按照作业标准对地板、墙壁、天花板、设施、设备等进行清扫。

为了确保清扫工作达到清扫作业标准，企业管理人员可将制定的清扫作业标准打印出来张贴在清扫区域，员工在清扫过程中对照清扫作业标准进行，也可在清扫完毕后，逐项检查作业是否全部完成，是否达到作业标准。

按标准各区域的清扫除了进行垃圾污渍的清理，还包括对漏水、漏油、漏气以及高温高压等异常情况的处理，清扫的基本内容如图10-5所示。

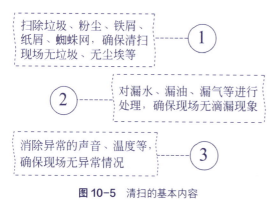

图 10-5　清扫的基本内容

10.8 清扫工作,不留死角

在实施清扫过程中,清扫人员特别容易忽略对储物柜里面、设备背面或其他平时不打开的部位进行清扫处理,而只对看得见的地方,或现场的大致框架、表面等进行清扫。但是这样的清扫活动只是单纯的表面的大扫除,不是真正的清扫,真正的卫生死角没能彻底清扫干净。

因此员工在清扫的时候,无论工作区域内是看得见的还是看不见的,容易清扫或不容易清扫的地方,都需要清扫干净,不留死角。常见的死角区域如图10-6所示。

在日常清扫时,作业人员对于自己所负责的区域内的所有看得到的或看不到的地方与机器设备都要自己动手进行清扫,不留死角。

但是对于个别的角落,由于平时容易忽略,经常会堆积垃圾,因此企业需定期组织进行大扫除,清扫干净那些不容易清扫和不容易被看见的死角,使角落变得干净整洁。

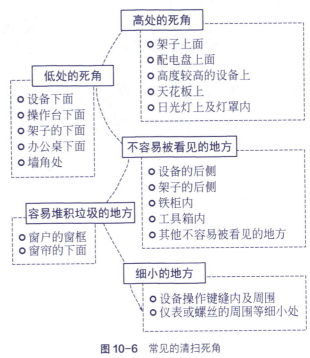

图10-6 常见的清扫死角

员工对于平时不容易清扫或看不见的地方都需要清扫干净

电脑桌下也应打扫

灯上及灯罩内打扫干净

窗户的窗框要打扫干净

设备的操作键及键缝内要进行清扫

不容易清扫或看不见的地方长期不清扫容易堆积垃圾
企业需定期组织进行大扫除，清扫干净死角，使角落变得干净整洁
员工平常进行清扫时，也需要对死角进行清理，避免垃圾堆积

10.9 清扫工具,触手可及

在工作现场准备触手可及的清扫工具也是很必要的,因为员工一旦想要清扫的时候,就应该能够立即拿到工具。如果在员工想要清扫时找不到清扫工具,或寻找清扫工作需要很长的时间,那么大家想立刻清扫的想法就可能消失。

为了使准备的清扫工具触手可及,清扫工具需固定摆放地点,以便随时都能找到,并且尽量在各个主要的区域都存放适当数量的清扫工具,避免清扫工具数量不够,不能够立即进行清扫。同时准备的清扫工具应是干净的和完好的,不能够出现拿到清扫工具却发现损坏了或者特别脏等无法立即使用的情况。

(1)固定摆放的清扫工具

将配备的清扫工具在场所内的某个固定的区域进行摆放,并进行标识和公示,以便大家一眼就能看到,这样员工就能够在想用的时候随时都能取出来用。

(2)适当数量的清扫工具

根据清扫场所的需要,准备适当种类和适当数量的清扫工具,以便在清扫时有足够的清扫工具提供各部门人员进行清扫。

(3)干净完好的清扫工具

员工需要保持清扫工具的干净整洁和完好,因为如果不能使其保持干净和完好的状态,那么触手可及也就变得毫无意义。为了保证清扫工具的干净整洁和完好,员工需要定期对清扫工作进行检查,确定是否损坏,若损坏须立即进行更换。同时员工在清扫工作完毕后需要对清扫工具进行清理，这样才能保证清扫工作的干净整洁，使清扫工具随时都能使用。

清扫工具固定摆放，以便随时都能找到
存放适当数量的清扫工具，避免清扫工具数量不够，不能够立即进行清扫

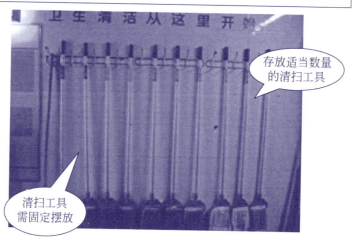

存放适当数量的清扫工具

清扫工具需固定摆放

员工在清扫工作完毕后需要对清扫工具进行清理，这样才能保证清扫工具的干净整洁，使清扫工具随时都能使用

清扫工作完成了，我去清洗清扫工具了！

清扫工具也要清洗干净！

10.10 清扫问题,及时处理

清扫工作除了进行基本的垃圾清扫,脏污、油渍的处理等工作外,还要对设备设施等清扫过后发现的问题进行处理。

通常设备在清扫过后都会暴露出零部件松脱、破损或丢失等问题。

对于此类问题,员工需要及时处理,通常对于松动的螺栓要马上紧固,丢失的螺丝、螺帽等配件需要及时补上,对于那些需要防锈保护、润滑的部位要按照规定及时加油,对于滴漏的地方,需要更换老化的水、气、油等各种管道等。清扫问题具体的处理办法如表10-1所示。

表10-1 清扫问题处理办法

清扫问题	具体原因	处理办法
垃圾	灰尘、粉尘、尘埃、纸屑、铁锈、其他垃圾	清扫
脏污	污垢、水渍	擦拭
油渍	漏油、滴油、冒油、油污、错误油种、油量不足	加油、换油、清扫、修理
温度	超高温度、温度不足	修理
压力	超高压力、压力不足	修理
松脱	螺栓松脱、轮带松脱、螺帽松脱	锁紧、修理、更换
破损	管道弯折、玻璃破裂、管道破裂、线材扭曲、开关破损、回转处卡住	更换、修理

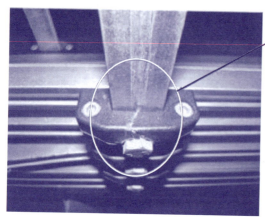

清扫后发现,连接件出现裂纹,需要更换新备件

将螺丝拧好就好了

清扫时发现,设备的螺丝已经松动

员工需要针对不同的问题,进行相应的处理
对清扫工作中发现的问题需要及时进行处理

10.11
追根溯源，彻底解决

工作现场即使每天都进行清扫，油渍、灰尘和碎屑还是无法杜绝，为了彻底解决问题，企业管理人员还需要查明污染的发生源，从根本上解决问题。问题解决步骤如图 10-7 所示。

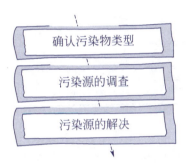

图 10-7　污染源的解决步骤

（1）确认污染物类型

在进行追根溯源之前，首选需确认是什么污染物。由于污染物的种类、形态、严重度、产生量等不同，大扫除的方法以及对策也不同。常见的污染物包括粉尘、油污、垃圾等。

（2）污染源的调查

污染是制造过程中产生的，它本不应该发生，因此需要追查污染物为什么会产生并确定该如何处置。通过对污染源的调查，企业需要将具体的发生部门挂上标示牌，以便于后面的实施。标示牌内容通常包括发生部门、状态、发生量和测定方法。

(3) 污染源的解决

根据污染发生源的影响程度、治理难度确定其具体的解决方法,常见的解决方法就是减少污染发生量或完全不让污染发生。具体的解决措施如表10-2所示。

表10-2 污染源的解决方法

解决方法	具体说明
改进设计	通过改变设计使加工过程中不产生粉尘、污垢
防止滴漏	采用高效的堵漏材料进行堵漏,或采用密封或局部封闭式进行防漏
防止飞散	在容易产生粉尘、飞屑的地方,装上挡板、覆盖等改善装置,或改变挡板、覆盖的形状
防止跌落	改善搬运方法和加固方法,防止物品跌落
改进收集方法	改进集尘容器形状,从而缩小污染范围,改变污染流向,避免污染扩散

10.12 将清扫变成一种习惯

无论生活中还是工作中，人有时习惯找借口，如"工作还忙着呢，等有时间再进行清扫"或者"东西先放一放，等过段时间再进行清扫吧"。总之，有无数借口造成清扫工作无法持续实施下去。

为了避免这样的情况发生，管理人员需要向员工强调清扫也是工作的一部分，工作结束后，就必须进行清扫工作，这样就能有效防止产生的污渍、垃圾扩散，也能形成一个良好的清扫习惯。

不随意丢垃圾、随时捡起散落的垃圾，是一种很好的清扫习惯，如果每位员工都能做到，那么清扫就不是一件很难进行的工作。

对于工作现场的垃圾桶，在垃圾装满时，需要及时将垃圾倒掉。很多人并没有这样的习惯，不愿意将满了的垃圾拿到垃圾中转站，而是直接将放不下的垃圾扔在垃圾桶的周围，造成一片狼藉，清扫工作也就没法坚持下去。

实用工具 13　清扫作业标准表

清扫范围	清扫项目	清扫频率	清扫标准
生产现场	作业台/椅	作业结束后立即清扫	无脏污、粉尘，无材料余渣、碎屑残留在台面上
	货架	每周清扫1次	物料上面无脏污、无粉尘
	通道	上午1次，下午1次	无灰尘、脏污，路面无积水、油污、纸屑和铁屑等
	设备	作业结束后立即清扫	各种标识清晰易辨，设备无脏污、泄漏、破裂
	门窗、天花板	每周清扫1次	无脏污、粉尘
办公室	办公台	上班前清扫1次或下班后清扫1次	物品摆放整齐，无积尘
	地面		无烟头、垃圾，无明显污渍
	门		无明显污渍、水渍
	垃圾桶		及时清理垃圾，更换垃圾袋
	文件、图纸		文件干净、整齐，无污迹
会议室	所有区域	上班前清扫1次或下班后清扫1次，来访或会议开始前及结束后清扫	墙面、桌面和地面无灰尘和污渍，桌椅摆放整齐，室内无异味
楼梯	台阶、走廊	每天1次	无烟头、果皮、纸屑等垃圾
	扶手、消防栓、灭火器、开关	每天1次	无蜘蛛网、积尘、水渍、污迹等
厕所	洗手台、镜子	上午1次，下午1次	无污渍，清洁用品摆放整齐
	便池	2小时1次	便池无异味，无明显污渍
	地面		地面无积水，无垃圾堆积，无烟头、纸屑等
	卫生工具	1天1次	按指定位置悬挂或摆放，保证整齐整洁

实用工具 14 设备清扫标准表

设备构造		清扫内容检查项目	主要措施			
			清理	加油	更换	维修
油压系统	油箱、油泵、控制阀、驱动部	1. 加油口有无垃圾灰尘	√			
		2. 油量表示和标准是否最佳		√		
		3. 水平表示和水平仪是否能看清	√			
		4. 油箱内底部是否有落脏	√			
		5. 油有无被污染			√	
		6. 油量是否充分		√		
		7. 过滤器是否有落脏	√			
		8. 泵有无异常声响			√	
		9. 泵有无异常发热			√	
		10. 阀类有无漏油			√	√
		11. 管类有无漏油			√	√
		12. 油缸类有无漏油			√	√
空压系统	控制阀、驱动部、排气部	13. 空气过滤器内有无垃圾灰尘	√			
		14. 润滑件内油有否落脏			√	
		15. 润滑件内油标准是否最佳		√		
		16. 润滑件内油的滴下数是否良好		√		√
		17. 阀类有无漏气			√	√
		18. 管类有无漏气			√	√
		19. 控制阀有无异常声音			√	√
		20. 控制阀的锁定螺丝有无松动				√
		21. 气缸中有无漏气			√	√
		22. 安装螺丝有无松动				√
		23. 排气部有无阻塞			√	√
润滑系统	运动部、翻转部	24. 加油口有无垃圾灰尘	√			
		25. 油量表示和标准是否最佳		√		
		26. 水平表示和水平仪是否能看清	√			
		27. 油箱内底部是否有落脏	√			

续表

设备构造		清扫内容检查项目	主要措施			
			清理	加油	更换	维修
润滑系统	运动部、翻转部	28. 油箱内底部是否被污染				√
		29. 油箱和把手处有无漏油			√	√
		30. 油量是否充分		√		
		31. 油种是否有错			√	
		32. 排管有无阻塞			√	√
		33. 加油点有无垃圾灰尘	√			
		34. 加油工具有无脏污	√			
		35. 运动部有无垃圾、灰尘	√		√	√
		36. 运动部有无凹凸、段差				
		37. 运动部有无异常声音	√		√	√
		38. 翻转部有无垃圾灰尘	√		√	√
		39. 翻转部有无异常声音	√			
		40. 各场所固定螺丝有无松动			√	√
		41. 皮带链条有无松弛			√	√
		42. 皮带轮有无异常声音			√	√
		43. 齿轮有无摩擦			√	√
		44. 机床等有无擦伤、碰伤			√	
电气系统	控制台、限位开关、配电线、驱动系统	45. 表示灯有无落脏	√			
		46. 表示灯的灯光有无断掉			√	
		47. 控制箱的门盖有无损坏			√	√
		48. 门盖的边缘皮有无损伤			√	√
		49. 控制箱内电线有无折叠、剥落、短路等	√		√	√
		50. 接点处有无损伤及落脏			√	
		51. 印刷板有无弯曲、浮起、落脏	√			√
		52. 各处的固定螺丝有无松动				√
		53. NC 机器的标贴事项有无落脏	√			
		54. 开关类有无垃圾、灰尘	√			
		55. 光电管有无垃圾、灰尘	√			
		56. 定时器和继电器等有无超过保障期			√	
		57. 接地的连接有无松动				√
		58. 接地的绝缘是否良好				√

实用工具 15　　清扫问题处理表

区域：　　　　　　　　　　　设备：

序号	部位	清扫问题	发现日期	发现者	处理方法	实施者	处理日期	备注

实用工具 16　　清扫区域分工表

清扫区域	清扫位置	清扫频率	负责人	星期一	星期二	星期三	星期四	星期五	星期六	星期日
办公室	办公桌，工作柜，地板、通道，门、窗、墙，空调系统	每天1次	工作人员轮流进行							
生产现场	工作台，工具，地板、通道，门、窗、墙，机器设备表面，动力管道	每天1次	操作人员轮流进行							

续表

清扫区域	清扫位置	清扫频率	负责人	星期一	星期二	星期三	星期四	星期五	星期六	星期日
生产现场	机械设备内部，抽气系统	每周1次	操作人员轮流进行							
厕所	地板、通道、门、窗、墙	每天1次	清洁人员轮流进行							
其他	废弃物品存放处	每月1次	专门人员							
	公用工具存放处	每周1次	各车间轮流							
	公告栏	每周1次	办公室轮流							

实用工具17　脏乱根源一览表

序号	部门	发生源	困难部位	描述	改善措施	预计费用	改善责任人	预计完成日期	责任人	主管经理

实用工具18　清扫检查表

序号	检查项目	等级	得分	检查状况
1	通道	一级（差）	0	有纸屑、铁屑及其他杂物
		二级（较差）	1	虽无脏物，但地面不平整
		三级（合格）	2	水渍、灰尘不干净
		四级（良好）	3	及时清扫
		五级（优秀）	4	定期修补，地面干净、整洁、光亮
2	作业场所	一级（差）	0	有纸屑、铁屑及其他杂物
		二级（较差）	1	虽无脏物，但地面不平整
		三级（合格）	2	水渍、灰尘不干净
		四级（良好）	3	零件、材料、包装存放不妥，掉地上
		五级（优秀）	4	定期修补，地面干净、整洁、光亮
3	办公桌、作业台	一级（差）	0	文件、工具、零件很乱
		二级（较差）	1	桌面、作业台面布满灰尘
		三级（合格）	2	桌面、作业台面虽干净，但破损未修理
		四级（良好）	3	桌面、台面干净整齐
		五级（优秀）	4	除桌面外，椅子及四周均干净亮丽
4	窗、墙板、天花板	一级（差）	0	破烂且未进行任何处理
		二级（较差）	1	破烂但已进行简单处理
		三级（合格）	2	乱贴挂不必要的东西
		四级（良好）	3	还算干净
		五级（优秀）	4	干净亮丽，令人舒爽

续表

序号	检查项目	等级	得分	检查状况
5	设备、工具、仪器	一级（差）	0	有生锈
		二级（较差）	1	虽无生锈，但有油垢
		三级（合格）	2	有轻微灰尘
		四级（良好）	3	保持干净
		五级（优秀）	4	使用中有防止不干净的措施，并随时清理
合计				

第 11 章

第 4 个 S:
清洁

11.1 什么是清洁

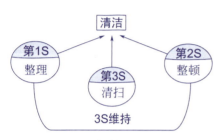

图 11-1 清洁与 3S 关系图

清洁就是对整理、整顿、清扫后的状态进行保持，即保持工作场所没有污物，非常干净整洁的状态。因此清洁是通过对整理、整顿、清扫活动的认真维护，来使现场保持完美和最佳的状态。清洁与 3S（整理、整顿、清扫）活动的具体关系如图 11-1 所示。

企业为了使工作场所能够到达清洁的状态，首先需定期开展整理、整顿、清扫活动，这样才能建立清洁的现场。在建立清洁的现场的同时，还需要采取切实的行动来保持现场的干净整洁，即维持工作场所清洁的状态。

在实际的工作中，工作场所清洁状态的维持是很困难的，如果不长期坚持的话，不要说维持现状了，说不定会回到实施前脏乱的状态。为了维护清洁状态，企业管理人员需将好的方法总结出来，形成制度和标准，以便长期贯彻实施。

清洁工作示意图如图 11-2 所示。

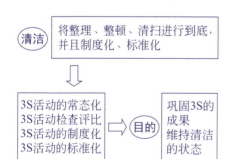

图 11-2 清洁工作示意图

第11章 第4个S：清洁

11.2 行动必须干净爽快

行动干净爽快是指按照规定的制度，立即进行一丝不苟的清理清扫，彻底清除垃圾，并将这些活动坚持下去。员工要做到行动干净爽快就必须注意如图 11-3 所示的要点。

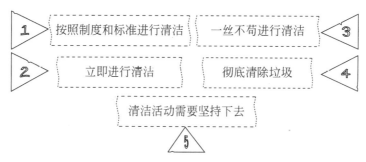

图 11-3　行动干净爽快的要点

例如：员工看到过道里散落垃圾，就立刻将它捡起来，使地面达到清洁的状态；看到工具文件散落一地，就立即进行整理，并对场地进行清扫，清除垃圾，使现场保持干净整洁；看到设备漏油，需立即采取措施进行整治，并将脏污的地面擦拭干净。

如果员工看到工作场所脏乱，却视若无睹，放任不管的话，那么污渍会变得越来越难清理，工作场所也会越来越脏。

因此，为了确保工作场所干净、清爽、整洁，员工必须干脆爽快地进行清扫工作，不要总有"太麻烦了，回头再做吧""肯定有人会做的"的想法。如果全体员工都能够采取干净爽快的行动，现场就能维持干净整洁的状态。

员工只要都采取干净爽快的行动，在不知不觉中，习惯就能慢慢地发生改变。

第11章 第4个S：清洁

> 只要我们采取干净爽快的行动，就能保持现场的干净整洁
> 如果我们不采取干净爽快的行动，现场的就会变得脏乱差

如果不干净爽快地进行清扫，工作现场肯定无法变得整洁

你们要按照标准立即进行清洁。

很快就能做完，我们一起努力吧！

办公室太脏了，我要马上把它打扫干净！

> 带着很快就可以做完的想法，从自身做起，立刻采取行动，一丝不苟地进行清洁，就能保持干净整洁的状态

11.3
明确员工责任区域

仔细观察我们工作的现场,就会发现如果有专人负责的工作,一般不会产生多大问题,出问题的往往是一些多人负责或者没人负责的场所。

对于5S管理也是同样,辛辛苦苦进行整理、整顿和清扫,突破重重阻力处理了历史遗留问题,如果没有人负责管理和维持的话,那么来之不易的成果很快就会付之东流。因此无论是5S实施还是5S成果的维持,都需要明确员工的具体责任区域。

公司里所有的区域或设备都应有明确的责任人,对区域或设备的划分尽量体现谁使用谁负责的原则,通常由区域或设备的使用者负责该区域的整理、整顿、清扫等工作,区域或设备如果没有责任者将无法将清洁工作进行落实,也无法保证现场的清洁。

管理人员和领导人员除了管理和监督各区域的清洁工作之外,当然自己还需要负责相应的清扫区域,不要出现要求全体人员参加,而作为领导的总经理和管理层的各部门负责人却置身事外的情况,如果是这样则无法保持现场的清洁。

领导和管理层只有亲自率先进行整理、整顿和清扫工作,让全体员工看到,才能让下属员工充分明白清洁工作的重要性和必要性,否则任何人都不会认真地予以配合。

这里还要强调就是,除了内部人员的参与,还需要外部人员的积极配合。如客户和供应商,客户到企业内进行参看的,需要在进入工厂前换鞋或换上指定的工作服,并戴上安全帽。而供应商对于供货时搬运货物而带来的垃圾,也需要及时进行清理。

第11章 第4个S：清洁

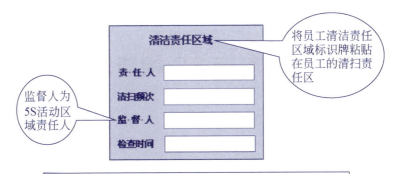

各区域内的人员清洁分工由各区域的负责人来确定
总经理和各部门负责人等公司领导层，无一例外都要参与

11.4 制定 3S 检查表

要落实 3S 的实施工作，就需要制定 3S 检查表，以便进行检查。同时检查表一经制定，任何人都必须严格遵守，否则标准就将失去意义。当有员工违反标准时，企业需要及时对其进行处罚，如果没有及时给予处罚，那么后续的人员也将不遵守标准和规定。

企业制定 3S 检查表的基本标准是检查现场是否干净、整洁、高效。同时对于不同的区域，检查表具体包括的内容也不相同，对于仓库区域的检查表需要包括物品是否定量定位放置，对于生产现场区域的检查表需要包括设备的日常点检的内容，对于办公室在制作 3S 检查表时，需包括桌面是否有未处理的文件，文件是否整齐放置等。

这样设计出的检查表能够有针对性地进行检查。3S 检查表的具体制定流程如图 11-4 所示。

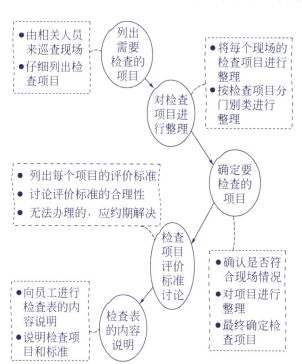

图 11-4 3S 检查表的制定流程

11.5 定期开展 3S 活动

企业的清洁状况，都是通过整理、整顿、清扫 3S 活动来维持的，为了保持工作现场的清洁，企业需定期组织开展 3S 活动，并动员全体员工参加。全体员工只有认真开展 3S 活动，才能使现场保持完美和最佳的状态，从而创造一个良好的工作环境。

企业定期开展 3S 活动主要包括每周和每月的统一清洁活动和日常定期的清洁活动。

定期的统一清洁活动需要对每位员工划分责任区，使每位员工参加到 3S 活动中，同时还需要让每位员工明确怎么清洁、清洁的要点和清洁需要达到的状态，以便企业整个现场都达到清洁状态。只有规定了责任区域和责任人，并严格地按照规定去做，清洁活动才能进行下去，才能实现工作场所干净整洁的目标。

定期开展 3S 活动除了每周或每月公司固定的统一活动外，每位员工在每天的工作结束之后，也需要花 5 分钟的时间对自己的工作区域进行整理、整顿、清扫活动，不论是生产现场还是办公室都需要进行。日常 3S 活动需要做到的项目如图 11-5 所示。

- 整理工作场所，将材料、工具、文件等放回规定位置
- 摆放好工作场所的设备仪器，关闭电源、气源、水源
- 清洗次日要用的物品，如抹布、过滤网、搬运箱
- 打扫干净工作场所，及时清倒工作垃圾
- 对齐工作台椅，并擦拭干净，人离开之前把椅子归位

图 11-5　日常 3S 活动基本内容

每周结束和每月底,全体员工一起进行整理、整顿、清扫工作

定期开展3S活动

每天工作结束后,花5分钟的时间对自己的工作区域进行整理、整顿、清扫活动

11.6 自我检查，主动改进

员工在实施清扫清洁的工作中，可能存在打扫不干净、物品不按要求放置，以及遗漏的情况，但是只要员工通过自我检查，就能够及时有效地发现问题，规避这些情况的发生。

各部门及各车间生产现场人员要想避免上述的那些问题，就需要定时或不定时的依照检查内容进行自我检查。员工通过自我检查可以及时发现现场存在的问题，也可以发现个人的责任区与标准要求之间的差距，及时加以改进。

生产现场作业人员进行自我检查的具体内容如图 11-6 所示。

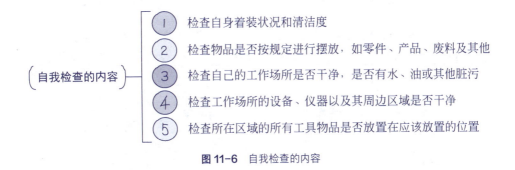

图 11-6 自我检查的内容

员工可通过自我检查，主动改进现场 3S 活动，为养成清洁的好习惯打下基础。

检查自身

- 按照着装标准进行自身着装规范性的检查
- 检查自身的清洁状况

设备检查

- 检查其所在的工作场所的设备、仪器以及其周边区域是否干净

操作台检查

- 检查自己使用的操作台面是否干净，是否存在油污等

工具摆放检查

- 检查工具是否按规定进行摆放
- 检查工具是否干净，是否存在损坏

物品摆放检查

- 检查物品是否按规定进行摆放
- 检查物品是否干净

11.7 随时巡查，及时整改

巡查是对日常整理、整顿、清扫工作进行督促整改的一种方法。5S 推行专员、各部门和各车间管理人员需定期或不定期到现场巡查，以便了解现场的清洁情况及存在的问题，并针对问题进行督促直至其改正，从而巩固清洁效果。

5S 推行专员负责对企业全部的区域进行巡查，各部门和各车间管理人员负责对其所管辖的区域进行巡查。

巡查通常是按照一定的巡视路线进行的，所以巡视检查的项目也要按照巡视时的行走路线来编排顺序。通常办公室是按照各个办公工位进行巡查，巡查的内容包括办公桌、办公设备、地面、周围墙壁、窗户、天花板和垃圾桶。生产现场则可按照生产流水线进行巡查，各车间则按照半成品区、加工区、成品区、不合格品区的顺序进行巡查。

5S 推行专员、各部门和各车间管理人员在进行现场巡视检查时，需要注意如图 11-7 所示的要点。

由于在工作当中，每位员工都有自己的工作任务，都不愿花时间在清洁状况的保持上，因此管理人员要经常并不定期地对现场进行巡查，确保员工对工作现场进行持续的维持和改善，避免员工应付管理人员的检查而进行突击式整理清扫。

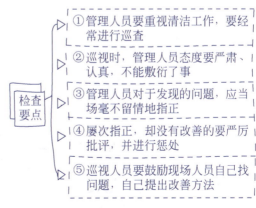

图 11-7　现场巡视检查要点

管理人员要经常不定期地对现场进行巡查，以免员工应付进行突击式整理清扫

11.8 定期检查，考核评比

企业要想维持工作现场整理、整顿、清扫的状态，就要定期对整理、整顿、清扫的状态进行检查。

定期检查是由 5S 推行办公室组织有关人员进行的，通过对现场的定期检查来对各个部门清洁状况打分和评比，并将评比结果与奖惩制度进行挂钩，以推动 5S 管理持续开展。

在定期检查前，5S 专员需做好相应的准备工作，包括准备好笔、检查袖章、检查表等。在检查时，检查人员是按照整理、整顿、清扫工作的内容进行检查，检查时需要注意容易被人忽视的地方，并记录下需要整改的问题，以便于通知相应责任人，或用来进行后续的整改跟踪。检查后责任人应针对检查出的问题，提出改进措施和计划，以促进现场清洁水平的不断进步。

检查人员在进行定期检查时，需要注意如图 11-8 所示的要点。

① 清洁状况的检查人员不要太多，通常为 3~5 人，其中设组长 1 人
② 检查中遇到问题，应拍照留存，记录清楚问题点，便于责任人整改
③ 检查的目的是改善，而不是为了惩罚，因此检查的重点是针对问题提出改进意见
④ 把检查的注意力放在容易被忽视的地方
⑤ 检查评比完成之后的 1~2 天内，需要及时公布检查结果
⑥ 每月将本月每周检查结果进行月度汇总，根据汇总结果进行奖惩

图 11-8 定期检查的注意要点

企业进行定期的检查，现场人员为了迎接检查，也会努力搞好清洁活动。定期的检查会让员工持续不断地改善工作环境，员工的清洁活动就会慢慢从应付检查到成为习惯。反之如果不进行定期检查，现场人员就不会持续下去，这样现场就会越来越乱，最终导致 5S 活动的失败。

定期检查

检查时间：每周末和每月末
检查人员：5S推行办公室人员2名、部门负责人或5S代表（被评比与考核部门的人员不能参与检查考评）

公布检查结果

5S推行组织必须定期进行现场检查，并对其进行考核评比，这是保持现场清洁的关键

11.9 定点摄影，对比成果

定点摄影是指在清洁活动中，对于现场发现的问题和改善后的状况，通过相机拍摄下来，从而实现对现场情况的前后对照和不同部门的横向比较，以便让员工知道改善的效果。定点拍摄可用来对 3S 活动实施过程进行跟进。

定点拍摄主要用于对现场的清洁状况进行对比，对比的形式包括 2 种：一种是相同场所的对比；另一种是不同场所的对比。两种形式的具体如图 11-9 所示。

对于拍摄的脏乱差的现场照片，企业管理人员可在每个部门和车间都贴出一些，并在照片下方标上部门、现场的责任人、具体问题和拍摄时间，这样就把脏乱差的问题完全暴露出来。照片展示将会给存在问题的部门和人员产生较大的压力，促使他们对问题进行改进。

企业还可以将改善过程中的照片放在一起进行对比展示，并加以归纳说明，从而增强员工成就感。同时，照片展示还可以促使大家对改善的方法和技巧进行交流和探讨，从而不断提高。

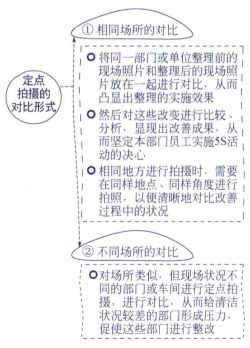

图 11-9 定点拍摄的 2 种对比形式

通过对现场情况的前后进行拍摄,形成对照,让员工知道改善的效果

定点拍摄要点:
☆ 拍摄前后尽量站在同一位置
☆ 面向同一方向
☆ 照片上印上日期
☆ 两张照片除了改善前后的状况和拍摄日期,其他内容应尽量相同

在每个车间、每个部门中选择一些具有代表性的照片,并张贴在公布栏内,促使车间部门人员进行改善

11.10 持之以恒,提升水平

任何事情,如果不去做的话,将永远不会有结果;任何目标,如果不持之以恒坚持下去的话,就永远也无法实现。

对于清洁工作也是一样,如果不持之以恒地做下去的话,全体员工自然也就无法形成习惯,也就不能创造一个干净整洁的现场,更别说提高清洁水平了。

因此企业需要持续推行清洁工作,定期开展3S活动、进行工作现场的清洁,随时进行清洁状况的检查,并时刻维持工作场所的清洁,让员工形成保持工作现场清洁的习惯,这样才能提高企业的清洁水平。

只有让员工形成习惯,员工才会不约而同地进行整理、整顿和清扫,这样现场的清洁水平也就自然会提高。

持之以恒,提升水平的具体图解如图11-10所示。

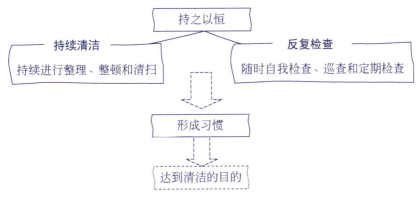

图11-10 持之以恒,提升水平的具体图解

持续整理、整顿和清扫	持续检查

养成良好习惯

持之以恒地进行整理、整顿和清扫，使员工养成良好的习惯，从而创造一个干净整洁的现场，提高企业的清洁水平

实用工具 19　3S 检查表

清洁场所	清洁项目	清洁检查内容	检查结果	责任人	备注
设备	整理	▫ 现场是否有不需要的设备 ▫ 残旧、破损设备是否仍在使用			
	整顿	▫ 设备放置是否合理 ▫ 标识牌是否脱落或无法清楚辨识			
	清扫	▫ 设备是否有灰尘、脏污、生锈、褪色、渗油、滴油或漏气 ▫ 导线、导管是否破损、老化 ▫ 是否及时更换过滤装置 ▫ 是否定期保养和校正设备 ▫ 安全保护装置是否正常			
作业台	整理	▫ 现场是否有不用的作业台 ▫ 台面是否放置当天不用的材料、设备或用品 ▫ 是否有无法使用或多余的物品			
	整顿	▫ 台面上物品放置是否凌乱 ▫ 放置的物品是否有准确的标识			
	清扫	▫ 是否布满灰尘、脏污 ▫ 是否有残留的材料余渣			
通道	整理	▫ 是否有不必要的通道 ▫ 通道是否与作业区混杂			
	整顿	▫ 是否标明了通道位置 ▫ 通道是否被占用 ▫ 通道是否凹凸不平			
	清扫	▫ 是否有灰尘、积水和脏污之处 ▫ 是否长期打蜡或刷漆			

续表

清洁场所	清洁项目	清洁检查内容	检查结果	责任人	备注
货架	整理	▫ 货架数量是否过多 ▫ 货架上是否放置不用的物品、用具或材料 ▫ 物品是否因放置时间过长而变质			
	整顿	▫ 摆放的物品是否因没有标识而难以找到 ▫ 货架是否过高或物品堆积过高、不易拿取 ▫ 不同的物品是否层层叠放			
	清扫	▫ 物品是否同包装一起放在货架上导致清扫困难 ▫ 货架上物品是否堆积灰尘			
文件资料	整理	▫ 是否新旧文件并存,导致难以分清 ▫ 文件柜内是否存放其他无用物品			
	整顿	▫ 文件柜是否分类存放文件并标识 ▫ 各类文件是否定位放置			
	清扫	▫ 文件柜内外是否干净、无污渍 ▫ 文件夹、文件是否有破损、脏污之处			
办公台	整理	▫ 办公用具是否过多,是否有无法使用的文具 ▫ 抽屉内是否有杂物、私人物品			
	整顿	▫ 办公台是否挪作他用 ▫ 办公用具、电话是否实施定位管理 ▫ 办公抽屉是否有标识牌			
	清扫	▫ 台面是否脏污、杂乱无章 ▫ 办公用具、电话等物品是否有污渍 ▫ 办公垃圾是否按时清理			
公共场所	整理	▫ 场所内是否堆放杂物 ▫ 地板是否摆放垃圾或不用物品			
	整顿	▫ 区域、场所是否有标识 ▫ 是否有整体位置规划图,且将物品定位放置 ▫ 紧急通道是否明确,布局是否合理			
	清扫	▫ 地面墙面是否清洁、无污渍 ▫ 门窗墙上是否有涂画现象 ▫ 玻璃是否完好、洁净			

实用工具 20　清洁考核标准表

序号	检查项目	等级	得分	考核标准
1	通道和作业区	1级	0	没有划分
		2级	1	有划分,但不流畅
		3级	2	画线清楚,地面未清扫
		4级	3	画线清楚,地面有清扫
		5级	4	通道及作业区干净、整洁、令人舒畅
2	地面	1级	0	有污垢,有水渍、油渍
		2级	1	没有污垢,有水渍、油渍痕迹
		3级	2	没有污垢,有部分痕迹,显得不干净
		4级	3	经常清理,没有脏污痕迹
		5级	4	地面干净、亮丽,令人感觉舒畅
3	办公桌、作业台、货架、会议室	1级	0	很脏乱
		2级	1	偶尔清理
		3级	2	虽有清理,但还是显得脏乱
		4级	3	自己感觉良好
		5级	4	任何人都觉得很舒服
4	厕所	1级	0	容器或设施脏乱
		2级	1	破损未修补
		3级	2	有清理,但还有异味
		4级	3	经常清理,没有异味
		5级	4	干净、亮丽,还加以装饰,令人感觉舒服

续表

序号	检查项目	等级	得分	考核标准
5	区域空间	1级	0	阴暗潮湿
		2级	1	虽阴暗潮湿，但有通风
		3级	2	通风好，但照明不足
		4级	3	照明适度，通风好，令人感觉清爽
		5级	4	干净、整齐，令人感觉舒服
合计				

注：1级——差，2级——较差，3级——合格，4级——良好，5级——优秀。

实用工具21　改善项目报告书

编号：

	改善项目		改善场所	
	所属部门		制作日期	
改善审批	区域负责人			
	部门经理			
	5S推行小组成员			
	改善问题			
	改进内容			
	改善措施			
	改善结果			
改善前 （照片）			改善后 （照片）	

第12章

第5个S：素养

12.1 什么是素养

在生活中，人们会把随地吐痰、乱扔垃圾、大声喧哗等看成是没有素养的表现，在工作中，则会把漫不经心、马马虎虎、不遵守规章制度看成是没有素养的表现。

那么什么是素养呢？通常素养指员工在日常生活与工作中遵守规则，自然而然所形成的良好的行为举止。素养的具体内容如图12-1所示。

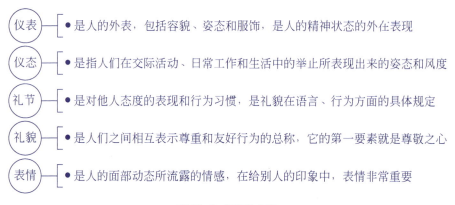

图12-1 素养的内容

素养体现到工作上的就是工作素养；体现在生活中的就是个人素质或者道德修养。个人无论在生活中还是工作中，都应该提高自己的素养，做到有礼节、懂礼貌、守规范，创造一个和谐的工作和生活环境。

第12章 第5个S：素养

12.2 什么是工作素养

工作中注重文明礼貌不打听别人的隐私,遵循公司规则,工作认真、敬业,行为举止合乎规范等都称为工作素养。

工作素养具体是指通过制定行为礼仪规范、召开班前会、持续推行前4S(整理、整顿、清扫、清洁)活动等手段,要求员工遵守规则和行为规范,以便提高全员文明礼貌水准,促使每位成员养成良好的习惯。工作素养的核心就是提高员工的素质,如果工作素养没有提高,5S活动将无法长期坚持下去。工作素养的具体内容如图12-2所示。

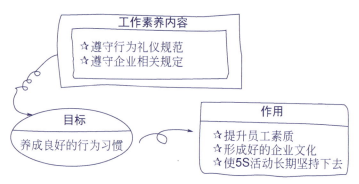

图 12-2 工作素养的具体内容

企业对员工进行工作素养培养,必须制定相关的规章制度和行为礼仪规范,对员工进行培训教育,并持续推行5S中的前4S,使员工养成良好的工作习惯,这样才能提升员工的工作素养。

12.3 自觉遵守工作纪律

工作纪律是强制性的规章制度，员工必须严格遵守，以保证企业生产、经营及各项管理工作有序、高效地进行。要养成良好的工作素养，也需要自觉遵守工作纪律。只有员工在工作中自觉遵守工作纪律，才能养成良好的行为习惯，从而形成良好的工作素养。试想一个不按时上下班，上班时插科打诨，不遵守工作纪律的人，怎么可能具有良好的工作素养。

在工作中通常所说的工作纪律主要包括如图12-3所示的几项内容。

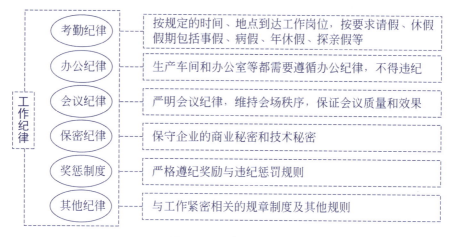

图12-3　工作纪律内容

企业如何让员工遵守工作纪律，这也是一个难题。通常企业管理人员通过制定规章制度的办法来要求员工遵守工作纪律，但是无论如何规定，最主要的还是需要员工自觉遵守，否则企业制定再多的规章制度，也没有任何意义。

12.4 注重良好的工作仪表

整洁的服饰、良好的精神面貌能给人不错的第一印象,作为一名工作人员注重仪容仪表不仅仅属于个人行为,这在表现出个人自尊自爱的同时,更多的是对同事的尊重,也代表企业的整体形象。具有良好整体形象的企业,会给客户留下良好的印象,更能够让客户放心。

无论是企业办公室人员还是工厂车间人员等,都需要注重自己的仪容仪表,良好的仪容仪表也是其工作素养的一种表现。

仪容指员工的容貌,是员工的个人形象的一种体现。仪表指员工的外表,包括员工的服饰和姿态等方面,是员工的精神面貌的外观体现。良好的仪容仪表既反映了员工的自尊自爱,又在一定程度上反映了企业较高的管理水平。

企业对员工仪容仪表的整体标准:整齐清洁、自然、大方得体、精神奕奕、充满活力。

企业为了确保员工的仪容仪表符合公司的要求和标准,可制定工作仪表规范,以便员工能够按照标准进行恰当的修饰。同时员工每天上班前应注意检查自己的仪容仪表,以确保满足公司的标准和要求,上班时不要在办公区域或公共场所整理仪容仪表,必要时可到卫生间整理。

各部门负责人为了确保本部门员工的仪容仪表符合公司的标准和规范,需不定时检查本部门员工的仪容仪表,如发现不合格者,应立即纠正。

仪容仪表标准示图

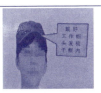

配置仪容仪表镜,以便员工对自身的仪容仪表进行检查

干净整洁的仪容仪表有助于员工养成良好的行为习惯,使其更加注重环境的卫生
员工要正确理解公司的意图以及仪表规范的标准,以便恰当地进行整理

12.5 具有良好的工作礼仪

工作礼仪是员工工作素养的外在表现。偷听他人讲话,传播小道消息,对同事或客户冷淡漠然,会议座次安排不合时宜,在工作场所大声喧哗等,这些都是员工素质不高、不具有良好的工作礼仪的表现。

员工需要进行工作礼仪的培养,以便具有良好的自我素养,维护其良好的自身形象。企业为了使员工具备良好的工作礼仪,需要推进工作礼仪活动,及时对员工进行工作礼仪的培训和指导。工作礼仪培训常见的内容如图12-4所示。

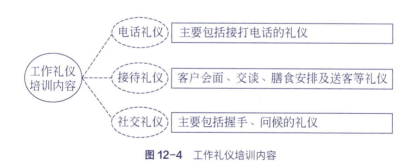

图 12-4 工作礼仪培训内容

企业通过对员工的工作礼仪进行培训,可提高员工的工作素养,同时也可有效塑造企业的形象,给客户留下规范、有礼、有节的良好印象。

除了企业对员工的工作礼仪进行培训之外,员工自身也应在工作中进行工作礼仪的培养,时刻注意自我行为是否符合礼仪规范,以便给上级、同事和下属等留下良好的印象。企业管理人员可通过对员工的日常进行观察,确定其行为是否符合礼仪规范,从而确定其在此方面是否具有工作素养。

握手礼仪

交叉握手 ✘

握手时目视他人 ✘

身到、手到、眼到、问候到 ✓

动作幅度过大 ✘

戴手套握手 ✘

称谓礼仪

接客座次

随意称呼他人 ✘

 ✓

 ✘

开门礼仪

交谈礼仪

为客人主动开门 ✓

聆听而不插嘴 ✓

12.6 养成良好的行为习惯

在 5S 管理中,企业管理人员要不厌其烦地指导员工做整理、整顿、清扫、清洁和素养工作,其目的不仅仅在于希望员工能够将东西摆好,将设备擦拭干净,更主要的是在于通过琐碎、简单的动作,潜移默化地提升员工的素质,使其养成良好的行为习惯。

良好的行为习惯要从每一件小事做起,"勿以善小而不为,勿以恶小而为之",工作中常见的好的行为习惯如下所示。

① 用完的工具、物品放回原位。

② 作业人员按照作业标准进行作业。

③ 不经常请假或者缺勤,按时上下班。

④ 不在工作时间闲聊或者干与工作无关的事情,按时完成工作任务。

⑤ 在办公室和会议室把手机关掉或调成静音等。

⑥ 及时进行整理、整顿,保持办公桌的清洁、有序。

上述这些都是值得员工养成的好习惯。试想如果一走进办公室,抬眼便看到办公桌上堆满了信件、报告、备忘录之类的东西,就很容易使人感到混乱。更糟的是,这种情形也会让员工自己觉得有堆积如山的工作要做,可又毫无头绪,不知从何做起。面对大量的繁杂工作,员工还未工作就会感到疲惫不堪。零乱的办公桌无形中会加重员工的工作任务,冲淡员工的工作热情。因此,如果办公室整洁、有序,就能够提高工作效率和工作质量。

如果企业内的员工都能养成良好的习惯,按照 5S 管理的要求行事,遵守共同约定的事项,那么企业在提高企业员工的整体素养的同时,也能保证自身的不断发展。

第12章 第5个S：素养

养成良好的工作习惯，需要从小事做起
养成良好的工作习惯，需要严格遵循公司规定

随时整理清扫，保持工作场所的干净整洁

不要在上班时间上网、玩游戏

不要在上班时间聊天

12.7 领导挂帅,亲自示范

企业在推行各项制度的过程中,领导可充分发挥表率作用进行示范,从而感染大家努力遵守各项规定,提高个人的素养。

比如,领导每次进入和离开办公大楼时,都对保安或工作人员说一声"早上好"或者"再见",可能前几次大家会比较被动地点点头,或者回一声"早上好",但是时间一长,保安看见领导过来就会主动挥手或点头问好,并且这样的行为也会变得越来越自然。这充分说明领导的表率作用是不可忽视、毋庸置疑的。

同样,领导敬业,员工也会敬业,领导注重仪容仪表,员工也会注重仪容仪表,领导重视礼仪,员工也会注重礼仪。

当然领导在示范时,不能只示范一两天就不做了,员工会觉得"领导都坚持不下去,我们干嘛要继续",或者会觉得"原来只是做做样子啊",这样员工就不会真正全心全意地去遵守并坚持。但是如果领导一直坚持下来,展现出积极的态度和坚定的决心,那么员工也就会被这样的行为所感染,从而开始真正地遵守规则,自觉地提高工作素养。领导在亲自示范的过程中,具体需要注意如图 12-5 所示的事项。

① ■ 领导要打破流于形式的"亲自挂帅",不能只做做样子

② ■ 领导要以积极的态度和坚定的决心去示范,从而带动员工去执行

③ ■ 领导的示范一定要坚持下去,这样员工才会坚持从而形成习惯

图 12-5 领导示范的注意事项

第12章 第5个S：素养

在推行各项制度的过程中，领导需充分发挥表率作用进行示范，从而感染大家遵守各项规定领导的示范作用一定要坚持下去，这样员工才会坚持从而形成习惯

如果领导都不起带头作用，制定的规则将形同虚设，不起任何作用

12.8 推行活动，养成素养

企业 5S 推行人员可发动公司所有单位和部门全面展开素养活动，确保人人积极参与，使之成为公司全员的日常活动，促使人人有礼节、懂礼貌、守规范，进而形成良好的工作素养，创造和睦的团队。企业 5S 推行人员具体推行的素养活动如下所示。

① 推行前 4S 活动。前 4S 活动是基础，也是手段，企业通过持续推行前 4S 活动，使员工在无形中养成一种保持整洁的习惯。如果前 4S 没有落实，则第 5 个 S 素养就没办法实现。

② 素养培训活动。企业可对员工进行仪容仪表、工作礼仪和工作纪律等规范的培训，以直接促使员工提升工作素养。

③ 推行班前班后会。班前班后会是一个非常好的提升员工素养的方式，通过班前班后会，企业可对员工的精神状态、仪容仪表等情况进行检查，从而保证员工处于良好的工作状态。

④ 推行文明礼貌活动。见面说一声"你好"，有错应说"对不起"，被人帮助说声"谢谢"等，如果员工遵循这些文明礼貌活动，就会养成一定的工作素养。

⑤ 实施全场自主改善活动。在全体员工范围内实施自主改善活动，任何人遇到问题都需及时提出并及时改正，避免不合理现象的再次发生。

⑥ 建立奖惩制度。企业需建立科学合理的奖惩制度，对员工进行激励与约束。试想在一个企业中，有人经常上班迟到，却没有受到任何处罚，或没有被制止，新来的员工看到这种情况会怎样看待企业的规定。

第12章 第5个S：素养

对员工的仪容仪表、工作礼仪和工作纪律等规范进行培训

开展班前班后会，对员工仪容仪表、精神状态进行检查

定期对工作场所进行整理清扫，养成员工良好工作素养

推进文明礼貌活动，养成员工良好工作素养

12.9
不找借口，不推责任

企业在培养员工素养的过程中，难免遇到员工找借口来推卸责任，不想遵守企业规定或想要逃避违反企业规定的处罚，这是造成素养活动无法有效实施的原因之一。

比如，员工以工作太忙为借口，而不将用过的工具放回原位，或员工在迟到时找借口说"我本来不会迟到的，但是天下雨，又塞车"等。

员工想要提升自身素养，养成良好的行为习惯，就不要找借口推卸责任，总是找借口，做什么事都难以成功。员工要如何避免找借口的呢？那就要做到"一分钟也不要拖延""不找借口，干了再说""今日事情，今日毕"。员工只要做到不找借口，不推责任，就能够形成良好的行为习惯，从而形成良好的工作素养。企业应该让员工明白：

① 不找借口不推责任，"最难完成"的任务也能完成。
② 不找借口不推责任，"最难解决"的问题也能解决。
③ 不找借口不推责任，"最难处理"的关系也能处理。
④ 不找借口不推责任，"最难改掉"的习惯也能改掉。

对于那些总是喜欢找借口、屡次不改的员工，公司领导必须采取强有力的手段对其进行惩处。只有这样才能让员工明白素养推行工作是势在必行的，同时基层主管和员工也会予以重视，变压力为动力，保证素养活动持续开展下去。

12.10 没有例外，保护规则

在素养活动推行的过程中，总是有这样那样的例外情况，如放置的地点和方法明明已经规定了，但实际工作中员工常常以"就稍微放一下"或者"马上就回来先放这里"等借口乱放。这样就造成存放物品的地方放置了很多不该放置的东西。

企业一定要杜绝此类事情的发生，对破坏规则的人员进行严厉的惩处。对此很多员工可能会心存不满，认为不过是暂时放置一下而已，可是实际上所谓的"暂时放置"的物品，很多时候会一直放在那里。

企业哪怕允许一个例外，规则也将不再被遵守。就如同破窗效应一样，一个房子如果窗户破了，没有人去修补，隔不久，其他的窗户也会莫名其妙地被人打破；一面墙，如果出现一些涂鸦没有被清洗掉，很快墙上就会布满了乱七八糟的涂鸦；一个很干净的地方，人们不好意思丢垃圾，但是一旦地上有垃圾出现之后，人就可能毫不犹豫地丢掷垃圾却丝毫不觉羞愧。

5S推行人员在保护规则不被破坏时，需要注意如图12-6所示的事项，具体规则可参照表12-1所示。

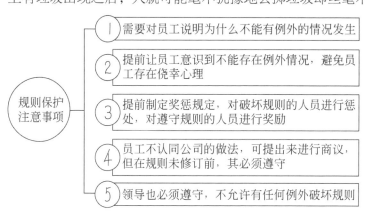

图 12-6 规则保护注意事项

表 12-1 公司规则一览表

具体规则	遵守的标准	遵守的时间
衣着得体	按照公司的着装标准进行	▫ 上班前进行衣着装扮的检查 ▫ 工作中随时检查
礼貌问候	礼貌地、精神抖擞地进行问候	▫ 在遇到公司同事时 ▫ 在来到公司或离开公司时 ▫ 客户来访及离开时 ▫ 出差或外部归来时
礼貌待人	员工待人必须使用礼貌用语如"谢谢""不好意思""对不起"等	▫ 在公司的任何时候都要使用礼貌用语
及时整理工作现场	达到除了必需品之外没有其他物品的状态	▫ 在工作结束时随时进行
用过的物品归回原位	恢复到原来的状态	▫ 在工作结束时随时进行
工作现场清扫干净	清洁脏污使现场干净整洁,并没有遗漏	▫ 休息间隙随时进行 ▫ 一段工作结束之后进行 ▫ 下班后或上班前进行

我们需要遵守规则,保护规则,确保规则不被破坏
任何人都需要遵守规则,没有任何人可以例外

我们要像遵守交通规则一样,遵守公司规则

12.11 素养工作，持之以恒

为了提升员工素养水平，企业大刀阔斧地推行了 3 个月的素养工作，现场变化很大，上下都很振奋。但是 3 个月活动结束后，过了不到 1 个月，当管理人员再次打开工具柜时，却发现工具柜里工具放得横七竖八，甚至还放着员工没吃完的面包牛奶！

那么如何才能把素养工作当作一项日常的工作坚持做下去呢？这不仅是企业管理的问题，同样也是 5S 推行人员必须解决的问题。

员工的素养是不可能在短期内养成的，素养工作是一项需要持久坚持的工作，只有坚持，才能培养员工良好的工作习惯，最终内化为优良的素养，企业也才能持之以恒地贯彻整理、整顿、清扫等一系列活动。

企业为了确保素养工作的持之以恒，最常使用的方法如下所示。

① 检查评比——素养工作持之以恒的关键。坚持素养工作比推行素养工作更难，仅靠部门和员工的自觉远远不够，还要坚持用检查评比的方式对员工时时督促。要根据成绩优劣，在工资或奖金上有所体现，引起大家的重视。

② 月月新鲜——方法技巧月月变。天天强调素养工作，是很烦闷和枯燥的事情，可以每个月进行一项主题活动，如寻宝活动、工具柜大献宝、知识抢答竞赛等，使员工保持浓厚的兴趣和新鲜感。

③ 荣誉责任——不断改善，不断前进。素养工作推行一个阶段后，可以举行一些授牌和星级评比活动，把责任、荣誉交给员工，让员工从被动到主动，积极完成自己的工作，不断改善，不断前进。

④ 创意分享——素养工作的动力加油站。一个好的创意，可以解决很多原来的棘手问题，达到意想不到的效果。通过员工积极开动脑筋，自己动手，自己设法解决问题，并互相学习和分享，能够不断撞击出新火花，带动整个活动走下去。

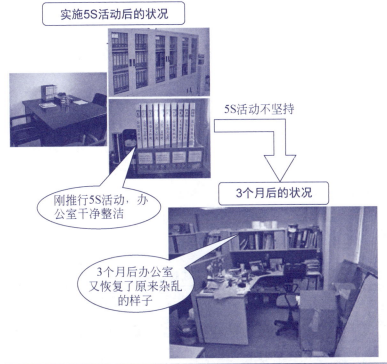

只有坚持素养工作,才能培养员工良好的工作习惯,最终内化为优良的素养,企业才能持之以恒地贯彻整理、整顿、清扫等一系列活动

员工只有持之以恒地推行5S活动,养成习惯,才能保持现场的干净整洁

12.12 培养素养，共同成长

由于员工无法一下子就成长起来，因此企业管理人员需对员工进行培养，使其逐渐成长为具有良好工作习惯的员工。

企业管理人员在对员工培养时，可建立员工成长记录表，定期对员工的素养状况进行检查，对于成长状况不理想的可根据情况对其进行个别指导，具体可参照表12-2。

表12-2 员工成长记录表范例

岗位	姓名	目标	成长记录			
			2020.3.30	2020.6.30	2020.9.30	2020.12.30
总经理	陈某	具有良好的工作素养，遵守规则				
部门主管	李某	能够维持好自己的责任区域				
员工	张某	既定的事情可以做好，养成良好的工作习惯				

企业管理人员在对员工素养进行培养的过程中，自身也需要养成良好的行为习惯，提高自身的素养，避免出现只注重员工的素养，而不注重自身素养的情况。素养培养的具体过程如图12-7所示。

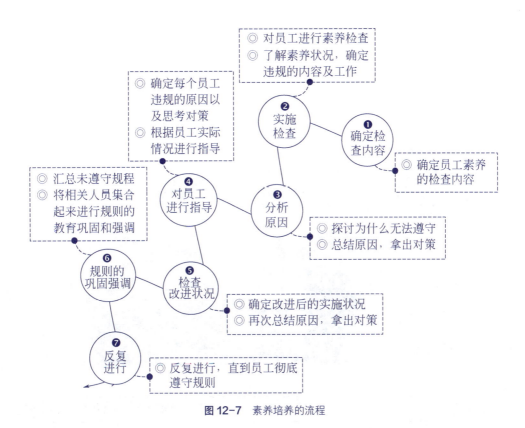

图 12-7 素养培养的流程

在员工素养培养的过程中，员工和管理人员可互相进行监督，对于不遵守规则的员工，企业管理人员可进行监督提醒，企业管理人员违反规则时，也需要自觉接受处罚。

12.13 素养养成效果的检查

开展素养活动之后,要对素养活动的各个方面进行检查,以便确定素养养成的效果。素养的养成效果的检查方法包括现场观察、考察、查阅记录、交谈、座谈等方式。进行素养效果的检查使用的工具通常为员工素养检查表。

企业在使用检查表对素养效果进行检查时,需要逐条确定员工是否充分理解每一项检查的目的,并参照检查表逐项对员工进行检查。员工素养检查表主要包括对员工日常 5S 活动、纪律、仪表、礼仪、行为规范的检查。

为了便于检查人员对员工的素养效果进行检查,需要使现场状况一目了然,即一眼看过去就清楚谁在做什么,这样就能发现问题或者看到不规范的行为。为了使现场状况一目了然,需要拆除部门间的隔断以及架子件的隔板,使现场变成一个通透的大空间,放眼望去,一切可以尽收眼底。

实用工具 22　工作纪律规范

制度名称	工作纪律规范	编　号	
		执行部门	

第 1 章　总则

第 1 条　为规范公司员工工作行为，有效保障公司日常办公秩序，打造企业良好形象，现结合公司实际，特制定本规范。

第 2 条　本规范适用于公司内所有员工的考勤、办公和会议等纪律。

第 2 章　考勤纪律

第 3 条　上班打卡

1. 上班时间：上午 8:00~12:00，下午 14:00~17:30。员工上下班必须严格执行打卡规定。
2. 所有员工办理私事，应按规定办理请假手续。请假超过 1 小时，按小时数（不足 1 小时，按 1 小时计）计扣工资。
3. 员工事先没请假且超过 1 小时无打卡记录，则按旷工半天处理，当日整天无打卡记录，按旷工一天处理。

第 4 条　出差管理

1. 公司所有员工出差，依照公司规定，应事前办理出差审批和费用借支手续。
2. 员工周末、晚上以及休假时间出差在外，按实际天数（不足 1 天按 1 天计）计发餐补。
3. 员工出差的审核：依照公司规定，经由相应权责人审批。员工结束出差返回后，应及时返回公司上班。上班时间内不及时返回上班的，按旷工处理。特殊原因未返回，应事先请假获准方可。
4. 出差人员的报销：应按照公司规定，及时报销费用。

第 5 条　加班管理

1. 除周末、节假日及休假时间外，因工作需要超过 2 个小时正常上班时间工作的，计为加班一次，2 小时以内不算加班。加班必须按照规定，依照有关程序事前申请审批。未事前审批的，不计加班。
2. 公司安排法定节假日加班时，将支付日薪金三倍标准工资。

第 3 章　办公纪律

第 6 条　不得违反的规定

1. 按时上下班，不迟到、早退和脱岗。
2. 坚守工作岗位不得串岗。
3. 不得因私事长时间占用电话。
4. 不得玩手机或电脑游戏、上网看电影、炒股票或做其他与工作无关的事情。
5. 不得消极怠工、吃零食、打闹嬉戏或进行娱乐活动。

续表

6. 工作时间内不得喝酒、不干私活、不赌博。
7. 不得大声喧哗干扰他人工作等,注意保持办公室安静。
8. 爱护公物,不浪费企业机器设备、工具、物料等。

第 7 条 必须遵守的规定
1. 员工车辆(自行车、摩托车、汽车)应按企业指定方式、区域停放。
2. 员工应按规定做好日常的机器、设备的保养工作。
3. 严格执行安全操作规程,全心工作,避免事故发生。
4. 接到生产或质量或安全等问题的整改要求后,必须在规定时间内落实整改。
5. 职员应在每天的工作时间开始前和工作时间结束后做好个人工作区内的卫生保洁工作,保持物品整齐,桌面清洁。

第 8 条 其他规定
1. 服从上级指挥,如有不同意见,应据实陈述,一经上级主管决定,应立即遵照执行。
2. 职员间的工作交流应在规定的区域内进行(大厅、会议室、接待室、总经理室)或通过公司内线电话联系,如需在个人工作区域内进行谈话的,时间一般不应超过3分钟(特殊情况除外)。
3. 发现办公设备(包括通信、照明、影音、电脑等)损坏或发生故障时,员工应立即向办公室报修,以便及时解决问题。

第 4 章 会议纪律

第 9 条 参加公司会议,必须按照会议要求时间,提前进入会场到指定位置就座,并携带好记录纸和笔。

第 10 条 到会人员未经准许,不准迟到、缺席、中途退席。

第 11 条 到会人员必须穿戴工作服,并整洁,坐姿要适当,不得横躺顺卧、跷脚抬腿。

第 12 条 参加会议把手机调为静音或会议模式状态,在会议中不得接听电话。

第 13 条 不得做与会议无关的事情,如看报纸、看杂志、玩手机、大声喧哗、聊天说话、睡觉等。

第 14 条 会议期间不准私下交头接耳或做其他与会议无关的事情。

第 15 条 会议期间如有问题,举手示意,并经主持人同意后,文明发言,不得大声喧闹。

第 16 条 自觉维护会场卫生,不得乱扔杂物和垃圾,不得随地吐痰。

第 17 条 会议后座椅要归位,并排队有序退场。

第 18 条 以上条款除第一条外,每有一项违反规定,1次扣款20元,情节严重的,另行处罚。

第 5 章 附录

第 19 条 本规范由人力资源部制定,其解释权归人力资源部所有。

第 20 条 本规范经总经理审批,颁布之后执行。

编制人员		审核人员		批准人员	
编制日期		审核日期		批准日期	

实用工具 23　工作仪表规范

制度名称	工作仪表规范	编　　号	
		执行部门	

第 1 条　目的

为规范员工的着装和仪容仪表，创造整齐、干净、和谐的办公环境，树立和保持良好的社会形象，特制定本规范。

第 2 条　适用范围

本规范适用于全公司员工的仪容仪表的要求。

第 3 条　服饰规范

服饰基本要求是统一、整洁、得体、大方，具体的规范要求如下所示。

1. 员工上班时，必须穿戴符合工作要求的工作服。
2. 穿着的服装必须保持清洁、平整，特别是外露的衣物，必须经常清洗更换。
4. 在岗时，严禁卷露裤腿、敞胸露怀等。
5. 工作时间不得穿短裤，女员工不得穿超短裙、吊带裙及露腹短衫。
6. 在工作场所不得穿拖鞋或赤脚上班，办公室男员工不得穿露指凉鞋，女员工不得穿拖式凉鞋。
7. 员工佩戴饰物必须得体。

第 4 条　仪容规范

仪容的基本要求为自然、大方、美观、端庄，具体的规范要求如下所示。

1. 工作时间头发梳理整齐，不准披头散发，不染彩色头发，不戴夸张的饰物。
2. 男员工修饰得当，不留长发，女员工不得梳奇异发型。
3. 女员工应淡妆上岗，修饰文雅，且与年龄、身份相符。
4. 保持个人卫生清洁，不文身，不留长指甲，不染彩色指甲。

第 5 条　仪态规范

员工在工作期间必须遵循相应的仪态规范，具体的规范要求如下表所示。

续表

员工仪态规范	
姿态	具体要求
站姿	O 男性：挺胸收腹，身体自然直立，双手置于身体两侧或背部，双腿张开同肩宽 O 女性：挺胸收腹，身体自然直立，双手自然放于身体两侧或交叉重叠于腹部，双腿并拢 O 男女均不得把手交叉抱在胸前，不得叉腰
坐姿	O 轻轻入座，至少坐满椅子的 2/3，后背轻靠椅背，双膝自然并拢 O 对坐谈话时，身体稍向前倾，表示尊重和谦虚 O 如果长时间端坐，可将两腿交叉重叠，但要注意将腿向回收 O 坐姿良好，在客户、上级领导面前不得跷"二郎腿"，不得坐在椅子上滑行
蹲姿	O 一脚在前，一脚在后，两腿向下蹲，前脚全着地，小腿基本垂直于地面，后脚跟提起，脚掌着地，臀部向下
行走	O 上身挺直，目光柔和地注视前方。行走时，脚步不宜过重、过大、过急，不要左右摇晃 O 姿态端正，多人行走时不得勾肩搭背，非紧急情况不得奔跑
微笑	O 放松面部表情肌肉，嘴角两端微微向上翘起，让嘴唇略呈弧形，不露牙齿，不发出声音，轻轻一笑

第 6 条　本规范由人力资源部制定，其解释权归人力资源部所有。
第 7 条　本规范经总经理审批，颁布之后执行。

编制人员		审核人员		批准人员	
编制日期		审核日期		批准日期	

实用工具 24　工作礼仪规范

制度名称	工作礼仪规范	编　号	
		执行部门	

第1章　总则

第1条　目的

为了规范员工的工作礼仪，提高员工的工作素养，特制定本规范。

第2条　适用范围

本规范使用于公司所有员工的工作礼仪要求。

第2章　电话礼仪

第3条　接听电话的礼仪

1. 所有来电，务必在三响之内接听。

2. 话筒和嘴唇距离为2.5~5cm，声调要自然清晰、柔和、亲切，声音不要过高，亦不要过低，以免对方听不清楚。

3. 接电话首问语："您好，××公司。"

4. 接听电话听不懂或没听清时，应说："对不起，请您重复一遍好吗？"

5. 认真倾听对方电话事由，若需传呼他人，应请对方稍候，然后轻放电话，去传呼他人；如对方有公事相告或相求时，应将对方要求逐条记录，并尽量详细回答。

6. 接听电话后，对方要找的人不在，应礼貌回应，如向对方说"过一会儿您再打过来""有什么需要我转告的吗"或是"请您留下电话，他回来我马上让他给您回电话"。

7. 接听来电务必问清对方通话要点，随时准备记录，重要事宜记录后还需复述确认一遍。

8. 通话时，中途若遇急事需暂时中断与对方谈话，应先征得对方的同意，并表示感谢；用另一只手捂住听筒，不允许使用电话免提功能；恢复与对方通话时，切勿忘记向对方致歉。

9. 接听错打的电话应礼貌地回答"对不起，您打错了"，切勿恶语相向。

10. 对方挂断电话后，方为通话完毕，不得先于对方挂线，不得用力放听筒。

11. 在岗位上，不得打与工作无关的电话，家人有急事来电，应从速简洁结束通话。

第4条　拨打电话的礼仪

1. 预先将电话内容整理好（以免临时回忆而浪费时间）。

2. 对方接起电话后，致意简单问候，如"您好"。

3. 作自我介绍，简略说明公司名称、部门、姓名。

续表

4. 使用敬语,说明要找的人姓名或委托对方传呼要找的人。
5. 确认对方是要找的人并致以简单的问候。
6. 按事先整理好的电话内容逐条简述。
7. 确认对方是否明白或是否记录清楚。
8. 致谢语、再见语。
9. 等对方放下电话后,自己再轻轻放下。

第3章 办公礼仪

第5条 迎候来客时的礼仪

1. 迎候。当需出市区或到机场(车站)迎接时,一定要提前20分钟到场,迎候客人抵达。
2. 相见。客人到达后,应主动上前问候并作自我介绍和引见。上车时,应先请来宾上车,并核准人数和携带的物品,待来宾坐稳后再开车,在车上可作一些简单的交谈,增进相互之间的感情。

第6条 引导客人时的礼仪

1. 在走廊上,应走在客人左前方数步的位置。
2. 转弯或上楼梯时,要有礼貌地说声"请这边走",并回头用手示意。
3. 乘电梯时,如有专人在电梯上服务,应请客人先进,到达时也请客人先出。如电梯无人服务,应自己先进去,再请客人进,到达时请客人先出。
4. 如果引导客人去的地方距离较远,走的时间较长,不要闷头各走各的路,而应讲一些比较得体的话,活跃一下气氛。
5. 当把客人引导到下榻的房间或驻地时,要对客人说"这里就是",然后敲一下门等房间有回声再推开门。这里应当注意,如房门向里开时,要自己先进去,按住门,然后请客人进来;如房门往外开时,应拉开并按住门,请客人先进去。

第7条 引见介绍时的礼仪

1. 具体介绍时,要有礼貌地用手示意,但不要用手指指点点,应简要说明被介绍人所在单位、职务及姓氏,如"这位就是××经理,××同志"。
2. 介绍时,一般先把身份比较低、年纪比较轻的介绍给身份较高、年纪较大的同志;把男同志先介绍给女同志。

第8条 问候时的礼仪

1. 一般的问候,用于彼此不大熟悉或初次见面的人之间,可以说"你好""一路辛苦了"之类的话。
2. 特殊性的问候,用于彼此已相识、关系比较密切的人之间的问候。一般情况下,询问一下对方的工作、身体情况就可以了;如果关系比较密切,也可以询问一下对方的家庭情况。

续表

3. 问候时的称呼。对于领导，可直接称呼"姓＋职务"，对于一般同志就称呼姓或名，对较熟悉的同志，叫名更亲切些。

第9条　会见时的礼仪

1. 接待人员引导客人按时到达会见场所。会见人应在会客室门口或大楼正门迎候，如果会见人不到大楼正门迎接，应由工作人员在大门处迎接客人，将客人引入会客室。

2. 就座时客人应坐于会见人右首，记录员（译员）安排在会见人和主宾的后边，其他客人依顺序在主宾一侧就座，公司陪同人员在会见人一侧依次就座。

3. 如会见为会谈形式，一般用长方形桌子，宾主相对而坐。以入门方向为准，主人位于左侧，客人位于右侧。主谈人居中，其他参与会谈的人员按顺序依次向右排列。如有译员，应安排于主谈人右侧。记录员可安排在后面，也可安排在会谈桌一侧就座。以正门为准，主人占背门一侧，客人面向正门。

4. 在安排座位时应注意：一般会议座席安排右为上，左为下，主席台要根据与会领导级别高低左右顺次排列。

5. 会见、会谈过程中有时需要举行签字仪式。签字仪式中，公司安排一位仪式主持人。主持人宣布签字仪式开始后，签字人员入座，主左客右。其他人员分主客方按身份顺序排列于各自签字人员座位后面。双方助签人员分别站在各自签字人的外侧，协助翻揭文本，指明签字处。双方签字人员在本方保存的文本上签毕后，由助签人员互相传递文本，再在对方的文本上签字，然后由签字人交换文本，相互握手。之后由礼仪小姐送上香槟酒或红酒，主客双方干杯祝贺，双方简短致辞（主先客后）后合影留念。

6. 会谈、会见、签字结束后，通常要进行合影。合影要按照一定的序列进行排位，并有内宾、外宾之别。接待内宾时，一般讲究居中为上、居左为上；涉外活动中合影排位时应遵循国际惯例，主人居中，以右为上，同时两侧应站本公司人员。

第10条　送客的礼仪

1. 主动帮助宾客确认并拿取所携带的行李物品，并帮助宾客小心提送到车上。

2. 根据客人身份的尊贵程度，将客人送至电梯间、公司大门口或将客人送上车。

3. 送客人到电梯时，要为客人按电梯按钮，在电梯门关上前道别。

4. 如果要陪同客人乘坐电梯，通常是客人先进电梯，主人后进；主人先出电梯，客人后出。

5. 秘书人员和上司一起送客时，要比上司稍后一步。

6. 安放好行李后，向宾客作一下交代。

7. 要施礼感谢光临和致告别语，如"祝您旅途愉快，欢迎下次再来""祝您一路平安，同时希望我们合作愉快"等。

8. 帮助宾客关车门时，力道要恰到好处，不能太重，也不能太轻。

9. 车门关好后，不能马上转身就走，而应等宾客的车辆启动时，面带微笑，挥手告别，目送车子离开后才能离开。

续表

第4章 社交礼仪

第11条 称谓的礼仪

1. 公司内部一般以姓名相称，也可在姓名后加"同志"或职位，不能以哥们儿相称，更不能对长辈以姨、叔、大爷、大妈相称。

2. 在与公司外部交往中，一般以职务相称。在对方身份不明情况下，可以姓相称"某先生""某女士"。

3. 称谓时态度要真诚，表情自然，语调适中。

第12条 介绍的礼仪

1. 为他人介绍要坚持"尊者优先了解对方"的原则，即先向客户介绍公司人员，先将年轻者介绍给年长者，先将职位低的介绍给职位高的。一般先介绍姓名，再介绍职位。

2. 为他人作介绍时，应简洁明了，有礼貌地以手掌示意。不能含糊其词，不能用手指指点。

3. 当自己被他人介绍时，如果你是一名男士，被介绍给一位女士时，你应主动点头并稍稍欠身，然后等对方的反应，男士不能先伸手。如果你是一名女士，被介绍给一位男士时，一般来说，女士应微微点头表示礼貌；如果你愿意和对方握手，则可以先伸出手来。

4. 在做介绍过程中，介绍者与被介绍者的态度要热情得体、举止大方，在整个介绍过程中应面带微笑。一般情况下，双方应当保持站立姿势，相互热情应答，点头致意；双方握手的同时可寒暄几句。

第13条 握手的礼仪

1. 握手的姿势。一般地，握手的两个人的手掌呈垂直状，表示平等而自然的关系。如要表示谦恭或恭敬，则掌心向上同他人握手。切不可掌心向下握住对方，握手时一般不能用左手。

2. 握手的顺序。在上下级之间，应上级先伸手；在男女之间，应女士先伸手。朋友、平辈之间，先伸手者表现出有礼貌。

3. 握手的时间和力度。握手的时间通常以3~5秒为宜。握手时应两眼注视对方，表示诚意。握手的力度要适中，既不能过大，也不能过轻。如果是热烈握手，可以稍用力摇晃几下，以示非常友好。

4. 握手时的表情。必须面带微笑，注视对方并问候对方。

5. 冬天要先脱去手套再行握手礼，在室内不可戴帽与客人握手。

6. 不可双手交叉和两个人同时握手。

第14条 交换名片的礼仪

1. 外出参加会晤或接待来宾时要备好名片。

2. 一般名片都放在衬衫的左侧口袋或西装的内侧口袋，不要放在裤子口袋。

续表

3. 名片的递交方式：将各个手指并排，大拇指轻夹着名片的右下，递交于对方的胸前。

4. 接受名片时应双手拿取名片，并轻轻念出对方的名字，让对方确认无误；如果念错，要记着说对不起。拿到名片后，可将其放置于自己的名片夹内。不能玩弄对方的名片或当场在对方名片上写东西。

5. 若有领导在场，领导先递名片后，方能将自己的名片递上。

6. 若未带名片，要向对方表示歉意。

第 15 条　进退时的礼仪

1. 进退应遵守基本礼节：职位高低有分；前后左右有别；男女间重礼让等。

2. 与人同行时，前为大，后为小，右为尊，左为次，应知所处位置，自择适当位置，让长者、位高者或女士先行。

第 16 条　入座交谈的礼仪

1. 入座时要从椅子左边入座，女士若穿裙装应用手抓裙边慢慢落座。

2. 双手放在桌上或膝盖上。双脚并拢，稍微内缩。

3. 谈话时，要把身体不时转向左右两边的客户。

4. 交谈结束，应慢慢站起，然后从左侧出来。

第 17 条　拜访的礼仪

1. 先约后访。应与被访者事先约好时间，时间约定后要准时或略提前几分钟赴约。如有特殊情况不能按时赴约，应提前通知被访者，并重新约定。

2. 先声后入。进门时要按门铃或敲门，得到应允后方可进入。

3. 先招呼后就座。进门后，应先打招呼、问候，待被访者招呼就座后再坐下。要注意坐姿。当对方站立说话时，也应该站立起来说话，以示尊重。

4. 注意言行举止。若被访者正在开会或有其他客人来访，应自动退在门外等候。如果你在谈话，又有客人来访，你应尽快结束谈话，以免他人久等。招呼、谈话时，嗓门不可太大。

5. 掌握时间，适时告辞。谈话办事目的达到，要适时收住话题，起身告辞。

第 5 章　附则

第 18 条　本规范由人力资源部制定，其解释权归人力资源部所有。

第 19 条　本规范经总经理审批，颁布之后执行。

编制人员		审核人员		批准人员	
编制日期		审核日期		批准日期	

实用工具 25　员工素养检查表

序号	检查项目	等级	得分	检查状况	检查方法	检查结果	纠正跟踪
1	日常 5S 活动	1 级	0	没有活动	1. 查阅记录 2. 观察 3. 座谈		
		2 级	1	虽有清洁工作，但未按 5S 计划进行			
		3 级	2	主动对 5S 进行宣传			
		4 级	3	平时能够做到 5S 计划工作			
		5 级	4	积极参与 5S 活动			
2	纪律	1 级	0	大部分时间不遵守工作纪律	1. 观察 2. 抽查		
		2 级	1	基本遵守工作纪律但很多时候违反			
		3 级	2	不愿遵守纪律，但是会尽力去做			
		4 级	3	偶尔存在违反工作纪律的现象			
		5 级	4	非常遵守纪律，不存在违反工作纪律的现象			
3	仪表	1 级	0	衣服脏污不整齐，不修边幅	1. 观察 2. 交谈		
		2 级	1	衣服不整齐，头发胡须过长			
		3 级	2	纽扣和鞋带未弄好，妆容基本进行整理			
		4 级	3	工作服、工作证按规定穿戴，妆容按规定整理			
		5 级	4	整个人感觉充满活力			
4	礼仪	1 级	0	举止粗鲁，不讲礼貌	1. 交谈 2. 考察		
		2 级	1	有时不讲礼貌			
		3 级	2	个人表现较好，整个团队精神较差			
		4 级	3	个人表现、整个团队精神较好			
		5 级	4	整个团队精神好，个人表现好			

续表

序号	检查项目	等级	得分	检查状况	检查方法	检查结果	纠正跟踪
5	行为规范	1级	0	举止粗暴，口出脏言	1.观察 2.抽查 3.座谈		
		2级	1	衣衫不整，不讲卫生			
		3级	2	自己的事情能做好，但缺乏公德心			
		4级	3	企业规则均能遵守			
		5级	4	主动精神，团队精神			
合计							

注：一级——差、二级——较差、三级——合格、四级——良好、五级——优秀。

参考文献

[1] 大西农夫明. 图解 5S 管理实务——轻松掌握现场管理与改善的利器. 高丹, 译. 北京: 化学工业出版社, 2009.

[2] 石强. 5S 推行实操手册. 北京: 中国电力出版社, 2012.

[3] 胡凡启. 5S 管理与现场改善. 北京: 中国水利水电出版社, 2011.

[4] 大卫·威士科. 让 5S 推行简单易行——手把手教你如何实施与维持 5S 项目. 北京: 机械工业出版社, 2018.